ポピュリスト・ナポレオン

「見えざる独裁者」の統治戦略

藤原翔太

角川新書

はじめに――ナポレオンは「独裁者」だったのか？

ナポレオン体制は「軍事独裁」か？

かつて、著名なフランス革命史家のジョルジュ・ルフェーヴルは、将軍ナポレオン・ボナパルト（以下、ナポレオン）が軍事クーデタにより権力の座に就いた事実をもって、「彼〔ナポレオン〕の権力は、その起源からして軍事独裁（dictature militaire）であり、したがって絶対的なものであった」と喝破した。その際、ルフェーヴルは「軍事独裁」の意味を明確に定義してはいなかったが、その後、多くの歴史家たちはルフェーヴルに倣って、そしておそらく深く考えることもなしに、ナポレオンが「軍人」であるという理由から、ナポレオン体制を「軍事独裁」と呼んできた。

しかし、ナポレオン体制を「軍事独裁」と規定することは、果たして実態を正確に表していると言えるのだろうか。まず、「その起源からして軍事独裁であった」という点から検討してみよう。

一七九九年一一月、ブリュメール一八日のクーデタにおいて、軍人ナポレオンが担ったのは、パリ管区師団司令官としてサン＝クルー城に移転された議会（五百人会と元老会）を警護し、議会手続による総裁政府転覆を側面から支えることであった。ところが、議会ではクーデタの首謀者たち（ブリュメール派）の思惑通りには事が進まなかった。事態を打開しようと、ナポレオンは精鋭兵士を引き連れて、独断で議会に乗り込んだが、この行為に対して議員たちは憤慨し、「独裁者を倒せ！」との怒号が飛び交った。ナポレオンに詰め寄る議員もおり、ナポレオンが議場の外に連れ出されるや否や、彼を「法の保護の外に置く」との動議が出される始末であった。

ここで機転を利かせたのが、当の議会の議長で、ナポレオンの弟のリュシアン・ボナパルトである。彼はすぐさま議長権限を用いて休会を宣言し、動議の審議入りを阻止すると、議場を飛び出して軍隊の前に現れた。「短剣を隠し持つ一部の議員」によってナポレオンが法の保護の外に置かれようとしていると熱弁し、議員たちを議場から排除するように訴えたのである。

実は、リュシアンが現れる直前に、ナポレオンもまた議会への突入を命じていたのだが、その時、軍隊は動かなかった。議会議長のリュシアンの命令を受けて、ようやく突入を決行したのである。つまりブリュメール一八日において、軍事的栄光に照らされたカリスマ将軍は自由自在に軍隊を操れたわけではなく、いわば議会の権威に従って軍事クーデタが実行に移されたことになる。要するに、軍隊はクーデタの主役ではなかったのだ。この事実だけをみても、ブリュメール一八日のクーデタを、「軍人であるナポレオンが、自らを支持する軍隊を率いて政権を転覆し、権力の座に就いた事件」として捉《とら》えることは難しく、ゆえに、ナポレオンの権力が「その起源からして軍事独裁であった」とは単純に言えない。

国政の重要ポストに軍人は半分以下

次に、「軍事独裁」という言葉の意味に注目してみよう。この言葉が一般に想起させるのは、「軍隊が国政の実権を握り、支配する政治体制」である。しかし、その意味において、ナポレオン体制は「軍事独裁」と同一視できるものではなかった。確かに、ナポレオンは政権を握った後も、軍隊の最高指揮官として前線に立ち続けた。とはいえ、彼はあくまで文民の政治指導者として国内を統治したのであるし、国政の重要ポストから軍人を入念に遠ざけていた側面もまた認められる。

たとえば、国政の中枢をみても、一八〇〇年から一八一五年にかけて任命された大臣三二人のうち軍人は一二人（三八％、陸軍大臣や海軍大臣は軍人から任命）、元老院議員は一八四人中四一人（二二％）、議会の両院にあたる立法院と護民院に至っては一〇％にも達していない。地方行政の中心人物である県知事の場合でも、せいぜい五三人（一八％）を数えるにすぎなかった。したがって、いずれの国政の重要ポストにおいても、軍人が半数以上を占めることはなかったのである。

そのうえ、ナポレオンは自身と競合する将軍たちを外交官のポストに就けることによって、国政の中枢から遠ざけてもいた。例を挙げると、マクドナルドはオランダへ、グヴィオン＝サン＝シールはスペインへ、ネイはスイスへ、ランヌはポルトガルへ、一時期ではあるが派遣されている。この事実は、ナポレオンが占領地の支配において軍人の知識を重視していたことを示す一方、将軍たちの個人的な権力の増大を抑止しようとする意図もまた垣間《かいま》みえる。

それゆえ、軍人たちの中には、ナポレオンが彼らを蔑《ないがし》ろにしているとして、不満を抱く者さえいた。一八〇一年にマルシャン・ド・プロゾンヌ将軍が述べたところによれば、軍人たちは、ナポレオンがあまりに多くの文民を出世させたので、「軍隊がその分、不利益を被っている」と感じていた。

こうした不満に対処すべく、ナポレオンは一八〇二年にレジョン・ドヌール勲章を創設し、戦場で活躍した軍人たちを中心に顕彰を始めた。さらに一八〇八年に帝政貴族を創設した際にも、授爵した貴族の三分の二以上は軍人であった。しかし、これも詳細にみてみると、爵位が高くなるにつれて軍人の割合は相当低くなっており、男爵でさえ、その七割は文民によって占められていた。

このようにナポレオン体制では、軍人が国政を牛耳ることはなかったし、彼らが最上位の地位を独占することもなかった。換言すれば、ナポレオン体制は「軍部支配体制」ではなかったのである。

確かに、フランス革命史家のジャン゠ポール・ベルトーが明らかにしたように、ナポレオン時代のフランス社会では、民衆が軍歌を好んで歌い、大人も子どもも戦争ゲームに興じ、皿や壺《つぼ》や壁紙といった家具にまで戦争のモチーフが用いられるなど、「軍事的なもの」が文化領域を覆っていった。だが政治体制に限って言えば、ナポレオン体制を「軍事独裁」とみなすことはやはりできない。軍人ナポレオンが軍隊を用いたクーデタによって結果として政権の座に就いたからといって、即、「軍事独裁」とはならないのである。

権力を握る二つの転機

以上の理由から筆者は、ナポレオン体制が政治体制としてはその性格上、「軍事独裁」であったとは考えていない。では、「軍事独裁」から「軍事」を取って、「独裁」としたらどうだろうか。仮にナポレオンの「独裁」が成立したとしたら、それはいつ頃のことで、何がそれを可能にしたのか。

ブリュメール一八日のクーデタ後、一七九九年憲法（共和暦八年憲法）が制定されると、ナポレオンは第一統領に就任した。しかし、国家の最高権力を手にしたとしても、ナポレオンの権力はまだ絶対的なものではなかった。クーデタの本来の「主役」であったブリュメール派が国政において影響力を振るい続けており、総裁政府期から続く国内外の危機――対外的には、周辺国によって革命戦争で獲得した領土を奪い返され、国内では反革命運動が相次いで生じていた――も解消しておらず、体制はまだ盤石ではなかった。

最初の転機は一八〇〇年五月、第二次イタリア遠征において、マレンゴでオーストリアに勝利したことでもたらされる。これにより対外的な危機が終息し、同時並行で進められたローマ教皇庁とのコンコルダ（政教条約）の締結によって、国内ではカトリック信徒が反革命運動に参加する根拠を失うこととなった。残された交戦国のイギリスは、反革命運動による体制崩壊が難しいと判断して、和平交渉に入り、一八〇二年三月、アミアンの和約に調印した。

国内外の危機を退けたナポレオンは、次第に「独裁者」としての顔を見せ始める。たとえば、コンコルダの調印後、ナポレオンは護民院の改選に干渉し、反ナポレオン派議員（反コンコルダ議員を含む）を議会から排除している。さらに対英戦争が再開し、ナポレオン暗殺未遂事件が起きると、彼は強権を発動して、国外にいる王族のアンギャン公を事件の首謀者として拉致《らち》し処刑した。この事件をきっかけに、フランス国内では、ナポレオンが暗殺されたり戦死したりした場合に体制崩壊を防ぐため、世襲帝政を支持する声が高まった。一八〇四年五月一八日、ナポレオンは「フランス人の皇帝」となり、「その帝位は親族において世襲される」として世襲帝政への移行が宣言された。

第二の転機は一八〇五年末にもたらされたアウステルリッツの勝利である。オーストリア・ロシア軍を破り、ヨーロッパ大陸の支配を盤石にすると、一八〇七年には議会の一つである護民院を廃止し、専制支配を強めていった。

このように、政治体制の変化に注目してみると、ナポレオンが議会を完全ではなくともかなりの程度まで無力化し、専制支配を強めていったことがわかる。とりわけ、アウステルリッツの勝利以降、ナポレオンの政治体制が「独裁」と呼び得る性質を備えていったことは否定できない。そのうえ、ナポレオンの専制支配が、軍事的勝利を背景に段階的に強化されていったことも明らかだ。ナポレオンの権力は軍事的勝利を重ねることで、次第に（当初からではない）独裁的になっていったのである。

不可視化された「独裁」

以上を踏まえると、ナポレオン体制とは、「その性格上、軍事独裁とは言えないが、軍事的勝利を追い風にして、次第に独裁化していった政治体制」とまとめることができるだろう。したがって、ナポレオンの「独裁」を可能にした要因の一つに彼の「軍事的栄光」を挙げることは至極当然であり、ナポレオンの「独裁」を考えるうえでも避けては通れない。それでも、ナポレオンの「独裁」が必ずしも軍事的に行われたわけではない、という点はここで改めて強調しておきたい。

前述の通り、ナポレオン体制では文民統治が基本であった。そのうえ、国内の統治においても、軍隊が積極的に用いられたわけではなかった。そもそも帝政下には、フランス国内で軍隊による鎮圧を要する大規模な反乱（révolte）はほとんど生じていない。比較的よくみられたのが憲兵隊と民衆の対立で、時に一〇〇人規模を超える「叛乱《はんらん》（rébellion）」が発生した。だが、ナポレオン時代の「叛乱」を包括的に研究したオーレリアン・リニュルーによれば、県ごとの平均でみてみると、「叛乱」は毎年せいぜい一回程度しか起きておらず、体制を不安定化させるほどのものではなかった。日常的に治安維持を担わされた準軍事組織である憲兵隊も、この時期まだ人員は不足しており、組織網の整備も不十分であったから、地域社会との妥協の中で統治が行われていたのである。

ナポレオンの「独裁」が軍事的に行われたものでないとすれば、何がそれを可能にしたのだろうか。その点で、先に触れたアンギャン公の拉致・処刑事件は、われわれに重要な示唆を与えてくれる。現代からみれば、まさに「独裁者」の所業として非難されるべきこの事件を、実は当時の国民の多くは好意的に受け止めていた。確かに、フランス国内では一部の知識人が反発し、議会やジャーナリズムへの強まる圧力に抗して、ナポレオンの専制支配を批判してもいた。それでも社会全体に目を向ければ、大半の国民はナポレオンを「独裁者」とは認識していなかったのである。

なぜ、彼らの目には、ナポレオンは「独裁者」として映らなかったのか。彼らはナポレオンの支配をどのように受け止めていたのか。本書では、ナポレオン体制を「軍事独裁」

として捉える枠組みは取らない。通俗的に広まっている「軍人＝独裁者」というナポレオン像から離れ、改めて「政治家」としてのナポレオンに注目することで、これらの問題にアプローチしたい。ナポレオンは一体いかなる戦略を用いて、フランス国民に「独裁」を受け入れさせることができたのか。政治家ナポレオンの統治戦略を分析し、フランス国民の目から「独裁」を不可視化した彼独自の政治支配の仕組みを明らかにするのが、本書の目的である。

なお、訳文は基本的に筆者の手によるものだが、既訳を参照した場合はその旨を記した。〔　〕は筆者の補足である。

目次

はじめに――ナポレオンは「独裁者」だったのか？……3
ナポレオン体制は「軍事独裁」か？／国政の重要ポストに軍人は半分以下／権力を握る二つの転機／不可視化された「独裁」

第一章　政治家ナポレオンの誕生……21
「決断する」政治家／「異国の地」に生まれる／革命の波／故郷に別れを告げて／「ブオナパルテ」から「ボナパルト」へ／教皇に配慮し、命令に背く／イタリア遠征が政治力を磨いた／イタリアはフランスのための「実験場」／エジプト遠征――インド交易の要衝／「一国の主人」の見習い期間／ブリュメール一八日のクーデタ／「無色」の第一統領／法案提出権は政府に独占された／国内外の混乱／宗教的多元性にこだわる／排除した反対派議員を県知事に／「異国の地」での経験が彼を政治家に育てた

第二章　ポスト革命期の選挙戦略……65
ナポレオンは選挙嫌い？／革命前期の選挙制度／革命が激化する中でも投票率は一五～二〇％／革命後期の選挙制度／好きな時間に投票できるのは画期的だった／レフェランダムとプレビシット／名士リスト制度／世襲と無能を排し「功績の特権」を／個別投票と相対多数の論理／市民が納得する代表者を／選挙が国家と国民を結び付ける／地方議会議員選挙の再建／「気軽」に選挙に参加できるように／農村部での激しい選挙戦／「喜劇」で片づけられない投票率／市町村長の直接選挙は歴史上この時だけだった／四〇〇〇万人の「無用なセレモニー」／ナポレオン時代の選挙の意義／選挙は目的か、手段か
第三章　「調整型」の政治戦略……107
徹底して情報収集したナポレオン／住民との協調が最優先／一七項目の六

段階評価／評価書の項目に徴兵はない／舞踏会は政治の場だった／「一滴の血も、一滴の涙も」／住民の要望が集まる郡長／市町村長は「住民の意向」通りに／議会は公共の願望の源泉／県会議員は郡のバランスが重視された／四つの空席に一二人の候補者／国務参事官と議員視察を利用／シードルを飲む住民は慎重で用心深い？／全五章の周到な統計年鑑／農業協会と手を結ぶ／革命からの「復興」／「地域密着」の政治戦略

第四章　国民の期待を体現する
——ナポレオンのプロパガンダ戦略……151

イタリアで芸術に目覚めた／「収奪者」から絵画の主題に／新聞が伝えた「救世主」像／『大陸軍報』で勝利を発信する／パリの政治新聞は四紙のみに／ボナパルト将軍のイメージが統一される／「戦士」から「国家元首」へ／机に向かうナポレオン像／裸体像は日の目を見なかった／モニュメントによって人気をコントロール／インフラ整備が「永遠の栄光」をもたら

す／聖別式を利用した皇帝／ナポレオン崇拝が制度化される／ゲーム、花火、パンと肉／演劇の熱狂とリスク／植民地に満足しない強欲なイギリス像／ジャンヌ・ダルクに重ね合わせられる／「共和国の皇帝」として、「守護者」として

終　章　「軍人＝独裁者」像の裏側……203
死後に読み替えられる／ナショナリズムの投影として／近代政治家の誕生

おわりに——ナポレオンは「ポピュリスト」か？……213

主要参考文献一覧……220
ナポレオン関連年表……i

①パ=ド=カレー	㉙イル=エ=ヴィレーヌ	㊲オート=ロワール
②ノール	㉚コート=ドゥ=ノール	㊳カンタル
③ソンム	㉛フィニステール	㊴ドルドーニュ
④セーヌ=アンフェリウール	㉜モルビアン	㊵コレーズ
⑤エーヌ	㉝ウール	㊶ロゼール
⑥アルデンヌ	㉞ウール=エ=ロワール	㊷アルデシュ
⑦オワーズ	㉟ロワレ	㊸ドローム
⑧モーゼル	㊱ニエーヴル	㊹オート=ザルプ
⑨ムーズ	㊲ソーヌ=エ=ロワール	㊺ジロンド
⑩バ=ラン	㊳ジュラ	㊻ロット=エ=ガロンヌ
⑪マルヌ	㊴ロワール=エ=シェール	㊼ロット
⑫ムルト	㊵シェール	㊽アヴェロン
⑬セーヌ=エ=マルヌ	㊶アンドル	㊾ガール
⑭オーブ	㊷アリエ	㊿バス=ザルプ
⑮ヴォージュ	㊸アン	71ランド
⑯オ=ラン	㊹メーヌ=エ=ロワール	72タルヌ
⑰セーヌ	㊺ローヌ=エ=ロワール	73エロー
⑱セーヌ=エ=オワーズ	㊻イゼール	74ブーシュ=デュ=ローヌ
⑲ヨンヌ	㊼ロワール=アンフェリウール	75ヴァール
⑳オート=マルヌ	㊽ヴァンデ	76ジェール
㉑オート=ソーヌ	㊾ドゥー=セーヴル	77オート=ガロンヌ
㉒コート=ドール	㊿ヴィエンヌ	78アリエージュ
㉓ドゥー	51シャラント=アンフェリウール	79オード
㉔オルヌ	52シャラント	80ピレネー=ゾリエンタル
㉕カルヴァドス	53アンドル=エ=ロワール	81バス=ピレネー
㉖マンシュ	54オート=ヴィエンヌ	82オート=ピレネー
㉗サルト	55クルーズ	83コルシカ
㉘マイエンヌ	56ピュイ=ド=ドーム	

出典：M.Vovelle, *La Découverte de la politique*, La Découverte, Paris, 1993.

革命期フランス83県の地図

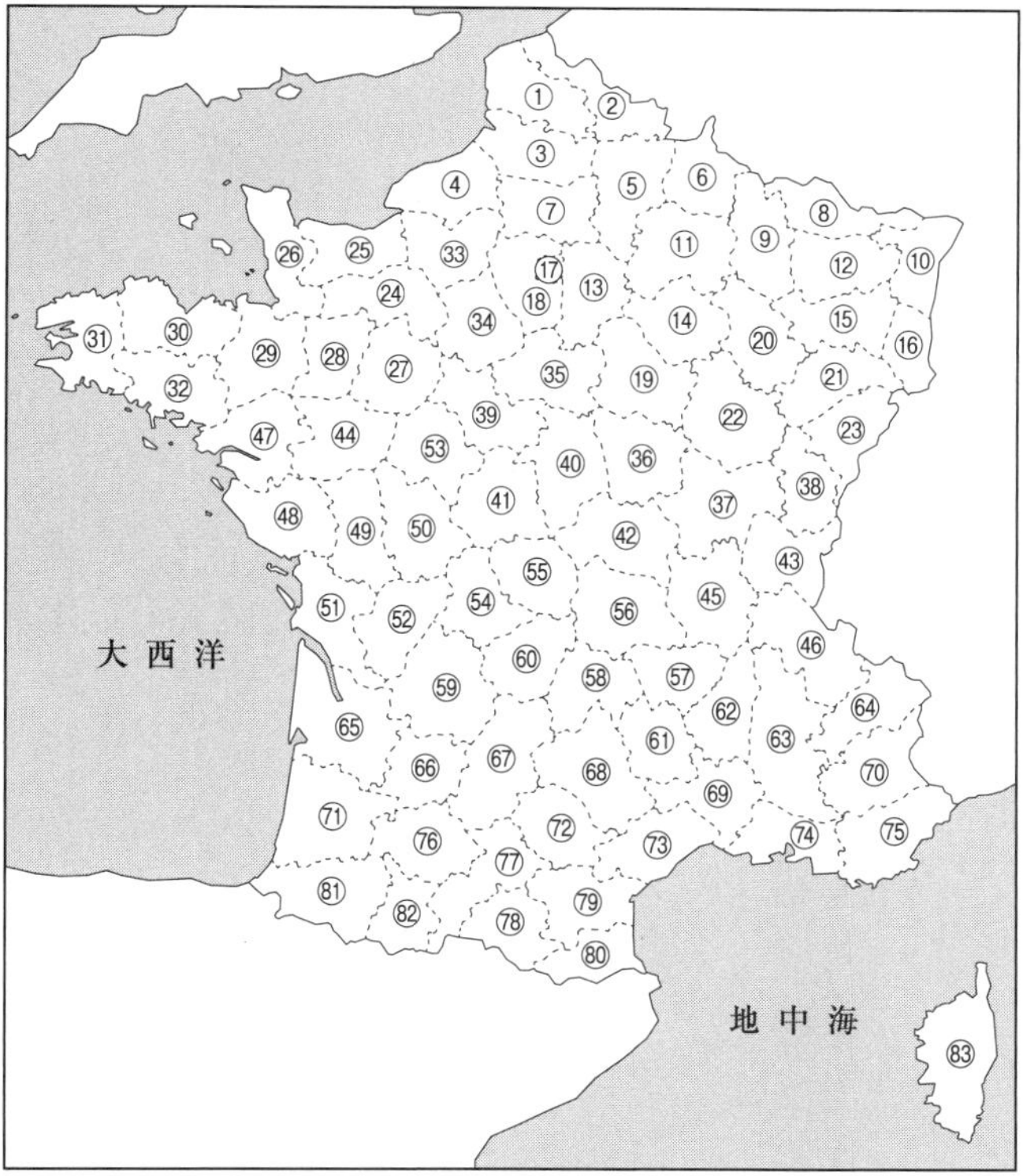

県の境界は、1789年12月22日の法令によるもので、1790年3月4日に施行された。

第一章　政治家ナポレオンの誕生

「決断する」政治家

一七九九年一二月、ナポレオンがフランス統領政府の第一統領に就任した時、彼はまだ三〇歳、皇帝に即位した時でも三五歳にすぎなかった。若くして国のトップに立ったナポレオンだが、彼は玉座で腕組みしながら、自分よりも年上の経験豊かな大臣や国務参事官らに政治を任せて、報告を聞くのに満足するような人物ではなかった。それどころか、些《さ》細《さい》な事柄でも可能な限りすべての情報を集めて、専門家の意見を聞きながら必要であれば質問し、最終的には自分で決断する政治家であった。

しかも、相当有能であったようだ。彼が三〇代前半で作り出した諸制度には、国務参事院、県知事制度、リセ（中等学校）、レジョン・ドヌール勲章、フランス銀行など、現在でもフランス国家の礎となっているものが数多く含まれている。そのうえ、ナポレオンが民法典（いわゆるナポレオン法典）の編纂《へんさん》を主導したことは、よく知られている事実である。

確かに、歴史家の中には、「ナポレオン体制は軍事的勝利を重ね続けなければ、存続し得なかった」として、支配体制の構造そのものに否定的な評価を下す者もいる。だが、ナポレオン時代に作り出された近代的諸制度の多くは現代のフランス国家の骨格をなしており、この事実だけを取り上げても、ナポレオン体制が、軍事的勝利がなければ簡単に崩れ落ちてしまうような「張りぼて」であったとは、考えにくい。

では、なぜ三〇歳になったばかりの軍隊出身の若造が、激動のフランスにおいて政治を主導し、これら多くの偉業を成し遂げることができたのだろうか。

一点目として、彼は優秀な側近たちに取り囲まれていた。ナポレオンは議会をさほど重視しなかったが、専門家の意見を大事にして、「密室」という条件ではあるが、しっかりと議論することを好んだ。立法作業を担う国務参事院のメンバーには各部門選《え》りすぐりの知性が結集し、ナポレオン主宰のもとでフランスの近代的な諸制度を作り出していった。ナポレオンの「相談役」を務めた第二統領のカンバセレスは法律の第一級の専門家で、民法典の編纂でも大いに活躍したし、大臣の中には、外務大臣のタレーランや警察大臣のフーシェといった歴史上の傑物もいた。

実際、近年の研究では、近代的な諸制度の設立において、ナポレオンの協力者たちが果たした役割を再評価するのが「トレンド」となっている。筆者のこれまでの研究もその流れに棹《さお》さすものであった。たとえば、前著『ブリュメール18日　革命家たちの恐怖と欲望』（慶應義塾大学出版会、二〇二四年）では、従来のナポレオン目線からではなく、ナポレオンを担ぎ上げた革命家たちの視点に立ってブリュメール一八日のクーデタを再考している。

とはいえ、そのことは当然、ナポレオンの政治能力を否定するものではない。ナポレオンが優秀な専門家を適材適所に配置する能力に優れていたことは確かであるとしても、その点だけを強調してしまえば、彼自身の政治能力を過小評価してしまうことになるだろう。彼は独自に情報を集め、意見を聞き、最終的に自ら決断する政治家であった。後述するように、ブリュメール一八日のクーデタ後、新憲法の制定過程において、若き将軍ボナパルトが憲法の専門家と誰しもが認めるシィエスから主導権を奪うことができたのも、偶然ではなかった。

革命を生き抜いた老練な政治家たちと互角に渡り合い、ついには彼らを圧倒する政治力を、ナポレオンは如何《いか》にして身につけたのだろうか。本章では、「軍人」としてのナポレオンではなく、「政治家」としてのナポレオンに注目して、彼の政治キャリア形成を改めて検討してみたい。

「異国の地」に生まれる

一七六九年八月一五日、コルシカ島の西部にある港湾都市アジャクシオで、父カルロと母レティツィアの次男としてナポレオンは誕生した。コルシカは一三世紀以来、ジェノヴァ共和国の属領であったが、一八世紀半ばには独立運動が激化する。手に負えなくなったジェノヴァは、ナポレオンが生まれる前年の一七六八年に、フランス王国に島を売却した。カルロはコルシカ独立運動の指導者パスカル・パオリの副官を務めていたが、一七六九年、フランス軍による運動の鎮圧後、島から脱出するパオリを港で見送ると、フランスに帰順した。結果として、ナポレオンは「フランス人」として育つことになる。むろん法的にはそうなのだが、フランス本土の人間からすれば、コルシカは「異国の地」であり、「コルシカ人」は辺境に暮らす「野蛮な被征服民」でしかなかった。

ボナパルト家は、もともとイタリアのトスカーナ地方に隣接するサルザナを出自とする貴族の家系である。一三世紀以来、同地で総代や総督などを輩出する名門であったが、一五～一六世紀にコルシカに移住した。ボナパルト家の財産について詳しいことはわかっていないが、島の中では比較的裕福な方だったようだ。また、血族がものを言うコルシカ社会において、多くの親戚《しんせき》を持つボナパルト家は、それなりに大きな影響力を有していた。実際、一六世紀の末からナポレオンの祖父の代まで、ボナパルト家はアジャクシオ市の議員を輩出し続けた名望家であった。要するに、ナポレオンは代々政治家を務める家系に生まれたのである。

　コルシカ独立運動の鎮圧後、フランス王国は地元の支配者層を味方に引き入れるため、彼らにさまざまな便宜を図った。フランスに帰順したカルロは一七七一年五月にアジャクシオの王立裁判所判事の職を得ると、九月にはフランス貴族の身分が追認された。翌年には、コルシカ地方三部会でアジャクシオの貴族代表議員に選出され、まもなく常設評議会のメンバーにも指名されている。

　五年後の一七七七年、カルロはコルシカ地方三部会の代表団の一員としてヴェルサイユに派遣され、フランス国王から子どもたちの学資金を下賜された。これが幼いナポレオンにとって人生最初の転機となる。フランス本土のブリエンヌ王立幼年兵学校の寄宿生として、入学が認められたのだ。本来、貴族の家では長男が軍人に、年下の子が聖職者になるのが一般的であったが、長男のジョゼフは軍隊には馴染《なじ》まないだろうと判断した両親は、ジョゼフを聖職者に、ナポレオンを軍人にすることに決めた。

革命の波

一七七八年一二月、わずか九歳でナポレオンはフランス本土に渡り、翌年の春、幼年兵学校に入学した。コルシカ育ちのナポレオンは、出自や訛《なま》りのために他の生徒たちからあざけられ、文化的にも社会的にも差別された。その鬱屈《うっくつ》感から、故郷への思いを強くし、それを原動力に熱心に勉学に励んだ。成績優秀なナポレオンは五年半を幼年兵学校で過ごした後、パリの士官学校に進学し、一年余りで卒業試験に合格して、ヴァランス砲兵連隊の少尉に任官する。一七八五年一一月、一六歳の頃である。

ところが、その年の二月に父カルロが亡くなってしまっていた。ボナパルト家は収入の多くを失ったので、ナポレオンは士官に任官しながらも長期休暇を申請してコルシカに戻り、ボナパルト家の家政の立て直しに取り組んだ。一七八八年六月、ある程度見通しが立ったナポレオンはフランス本土に戻り、オーソンヌに駐留する砲兵連隊に復帰した。フランスは革命前夜を迎えつつあった。

ナポレオンがフランスの政治状況を注視するようになったのは一七八八年末のことである。その頃、フランスでは一七五年ぶりに国王が召集した全国三部会の方式をめぐって、人々の政治意識が高まりをみせていた。ナポレオンは大規模な国政改革を求める「パトリオット」の陣営に加わった。それはフランスの将来を案じてというよりも、国政改革により、フランスとコルシカの非対称的な関係性が変わることを期待しての選択であった。

ナポレオンにとって、当時のコルシカはフランスに服属する不幸な状況にあった。とくに許せなかったのは、コルシカの政治がフランス本土出身者によって厳しく監督されていたことである。その支配の象徴がフランス本土から派遣された地方長官であった。ちょうどその頃、本土で全国三部会の開催が決定し、各地で作成された陳情書では、フランス王権の専制支配を象徴する地方長官の廃止が強く求められていた。ナポレオンはこの国政改革の流れに乗って、コルシカの「自治」を実現しようと目論《もくろ》んだのである。

一七八九年一〇月、ナポレオンはコルシカに戻ると、さっそく島内の革命派と合流した。彼らはフランス王国がコルシカをジェノヴァに再譲渡するのではないかと恐れていた。そこで、一七八九年七月以来、全国三部会から名称を変えて「憲法制定国民議会」と名のる議会に対して、コルシカにおいてもフランス本土で行われるすべての改革が実施されるように訴えた。その際、ナポレオンは憲法制定国民議会への建白書の作成を担当している。

コルシカの革命派からの強い要求を受けて、一一月三〇日に憲法制定国民議会は、コルシカがフランスに帰属すること、そして他のフランス国民と同じ憲法下で統治されることを決議した。その結果、コルシカでも封建的諸特権は廃止され、行政再編が行われて、島の政治もコルシカ人自身が担うようになった。

故郷に別れを告げて

ナポレオンの政治活動が本格化するのはここからである。もっとも、彼自身は本土のフランス軍士官という立場であったから、島内の要職に就くことはせず、主に兄のジョゼフや親戚の選挙活動を支援していた。こうした後押しの末に、一七九〇年三月に、従兄弟《いとこ》のレヴィがアジャクシオ市長に、ジョゼフが市会議員に当選を果たしている。

七月になると、パオリが再びコルシカの地を踏み、すぐに島民の支持を取り戻して、裏で選挙を操り始めた。ナポレオンは熱烈な「パオリ主義者」だったので、ジョゼフとともに、すぐに彼のもとに駆けつけた。その甲斐《かい》もあって、コルシカ県行政の選挙において、ジョゼフはアジャクシオのディストリクト（郡）行政官に選出され、議長に就任し、翌年には県行政官にも当選している。パオリ派に付いたナポレオンの政治活動は順調な滑り出しをみせたのである。一七九一年二月、ナポレオンは活動の成果に満足しながら、オーソンヌの砲兵連隊に戻っていった。

ところが、同年九月にナポレオンがコルシカに再び戻ると、島内の政治情勢は大きく変わっていた。まず、聖職者の公務員化を規定した聖職者民事基本法の適用に対して、カトリックの信仰に篤《あつ》い住民の多くが激しく反発していた。ローマ教皇の弾劾を大義名分に掲げ、国家への忠誠を義務付ける同法に聖職者が反対し、住民も彼らを支持したのだ。島の「首領」パオリは、聖職者や住民からの支持を失いたくなかったので、彼らの感情に一定の理解を示したが、結果として、ナポレオンら若い世代の革命派との間に溝ができることとなった。

さらに両者の関係を悪化させたのが、同月の法令によって、国有化された王領地の売却が始まったことだ。本来、王領地には農民たちが使用する共同地が含まれていた。それが革命の成果として国有化され、民間に売却されたのだが、裕福な支配層がそのほとんどを購入してしまったので、共同地を利用できなくなった農民たちの不満が高まった。ここでもパオリは農民たちの側に立った。逆に、ナポレオンは叔父《おじ》のフェッシュと共同で国有財産を購入し、家族の財産を増やしていたので、住民たちから、共同地を不当に手に入れ、私服を肥やした支配者集団の一員とみなされてしまった。

後にナポレオンは政権の座に就くと、国有財産売却の不可侵性を何度も宣言することになるが、革命の成果を守るという主張の裏で、過去に国有財産の取得をめぐって住民から大バッシングを受けた経験が、彼の国有財産に対する執着を生み出していたのかもしれない。いずれにせよ、このようにして革命に反感を持ち始めたパオリと革命推進派のボナパルト家は、次第に対立するようになっていく。

その帰結はボナパルト家にとってひどいものであった。一七九二年八月、パリ市民らがテュイルリー宮殿を襲撃し、王政が廃止されると、その直後の一〇月に全国で県行政選挙が行われた。ところが、その選挙において、ジョゼフを含むコルシカの現職の県行政官全員が落選したのである。裏で選挙を操っていたのはもちろんパオリだ。事実、県行政官のポストはすべてパオリ派に与えられた。

パオリ派の行政官たちは、国有財産の不正な競売に手を染めたとして前任の行政官らを告発した。コルシカ代表の国民公会議員であるサリセッティもその告発の対象になったので、彼は自己防衛のために、国民公会に対してパオリの反革命的な態度を告発し返した。実際、パオリは一七九三年の初め頃からイギリスと接触を始めていた。二月に国民公会がイギリスに宣戦布告すると、サリセッティの告発の信憑性《しんぴょうせい》も高まった。

その頃になるとナポレオンも、パオリとの和解はもう難しいのではないかと考え始めていた。そんな中、三月一四日にトゥーロンの政治クラブで、ナポレオンの弟で、熱烈な革命派のリュシアンがパオリの「裏切り」を公然と告発するという事態が生じた。弟の発言は一家の発言である。パオリ派との対決はもはや避けられなかった。

四月二日、国民公会がパオリのパリ召喚を決議すると、パオリ派の住民の不満は爆発し、報復としてボナパルト家は襲撃されてしまう。ナポレオンはなんとか襲撃から逃れ、家族と合流すると島から脱出、フランス本土に向かった。六月一三日、トゥーロンに着いたナポレオンは、さっそくパオリを糾弾する長文の文書を作成し、コルシカへの未練を断ち切ったのである。

「ブオナパルテ」から「ボナパルト」へ

トゥーロンに上陸した時、ボナパルト家はほぼ何も持たない状態であった。コルシカでは政治活動に励んだナポレオンであったが、今や一家の稼ぎ頭として、ニースに駐留する砲兵連隊に合流する以外の選択肢を持たなかった。その後すぐに、国民公会議員のサリセッティの計らいで、トゥーロン攻囲線を担う砲兵隊長に任命された。ナポレオンが立案した作戦は功を奏し、イギリス・スペイン連合艦隊はトゥーロン港から追い出され、都市はフランス軍によって占領された。

この活躍を目にしたのがオーギュスタン・ロベスピエール（マクシミリアン・ロベスピエ

ール の弟）である。彼はナポレオンを高く評価し、すぐに将軍に昇進させた。若干二四歳と、確かに最年少での昇進ではあったが、そこまで目立つほどでもなく、まだ全国的には無名の将軍にすぎなかった。ところが、一七九四年夏のテルミドール九日のクーデタでロベスピエール派が処刑されると、ナポレオンも一味とのつながりを疑われて、投獄されてしまう。すぐに釈放されたが、この一件で出世の道は閉ざされ、パリの戦争省測地局でなんとか職を見つけて日々の生活費を稼がざるを得なかった。

翌年の夏、再び転機が訪れる。クーデタ後に立法府を引き継いだテルミドール派国民公会が「三分の二法令」を可決したのだ。新憲法（一七九五年憲法）の採択後に予定された選挙では、国民から不人気な現職の国民公会議員の当選が難しいことが予想された。そのため、国民公会は最初の選挙に際し、両院議員合わせて七五〇人のうち、その三分の二は現職の国民公会議員で占めなければならないことを定めたのである。

これに怒ったのが、次の選挙で勝利を目指していた王党派であった。一〇月五日、彼らはパリで住民を扇動して蜂起《ほうき》を引き起こした。いわゆる「ヴァンデミエール一三日の蜂起」である。この蜂起鎮圧の最高責任者を務めたのが、その後、総裁に選出されるバラスだった。バラスはパリでくすぶっていたナポレオンに目をつけ、現場で指揮を執らせた。

ナポレオンは水を得た魚のように軍隊を指揮し、容赦ない弾圧を繰り広げて、政府軍に圧勝をもたらした。

これを機に、ナポレオンはパリで一躍有名となる。社交界にも出入りするようになり、ジョゼフィーヌともそこで出会って結婚した。結婚から二日後の一七九六年三月一一日に、ナポレオンはイタリア方面軍総司令官として出立する。数日後の妻宛の手紙には、本来の表記（コルシカ語）の「ブオナパルテ」ではなく、フランス語表記の「ボナパルト」と署名されていた。ナポレオンはジョゼフィーヌとの結婚により、コルシカの「汚名」をそそぎ、晴れて「フランス人」となることで、フランスに地盤をしかと固めたのである。

教皇に配慮し、命令に背く

総司令官としてやる気に満ちたナポレオンであったが、もともとイタリア方面軍には、革命後のフランスを認めようとしないオーストリアの攻略に向けた単なる牽制《けんせい》の役目しか期待されていなかった。ところが、総裁政府の当初の予想に反し、イタリア北西部のピエモンテで立て続けに勝利を飾ったナポレオンは、当地からオーストリア軍を追い出し、独断でサヴォイア公国とケラスコ休戦条約を締結するに至った。ピエモンテの征服後、ナポレオンはロンバルディア地方の征服に取り掛かり、有名なロディの戦いでオーストリア軍を破ると、五月一五日にミラノに入城した。

ナポレオンはさらにウィーンへの進軍を目論んでいたが、総裁政府はイタリア方面軍の目的は達せられたと考えており、さらなる進軍を許可するつもりはなかった。そこで総裁政府はナポレオンに対して、軍をローマへ派遣し、「ローマ教皇にフランス共和国の繁栄と成功のために公式に祈禱《きとう》させる」ように命じた。聖職者民事基本法の制定以来、フランスとローマ教皇は敵対関係にあったから、総裁政府の命令はかなり強引であった。

ナポレオンが政治能力の片鱗《へんりん》をみせたのはこの時からである。彼はローマ教皇に対して、総裁政府とは一線を画す政治スタンスを採用する。進軍命令に従わず、フランスから亡命中の数千人の宣誓忌避聖職者の追放を求める総裁政府の要求も無視した。ナポレオンはカトリック信徒に対するローマ教皇の影響力を重視しており、ローマ教皇の自尊心にも配慮する姿勢を示したのである。

翌年二月にも、総裁政府はナポレオンにローマ教皇領のアンコナを占領するように命じた。この時、ナポレオンはしぶしぶ命令に従ったが、カトリック教会の礼拝には何も変更をもたらさないことを教皇に対して約束した。さらに一九日に結ばれたトレンチノ条約では、ナポレオンは教皇の宗教的権威を認め、逆に、フランス政府に対してはこれ以上ローマ教皇を脅迫しないように義務付けている。

ローマ教皇に対するナポレオンの「寛容」な姿勢は、イタリア方面軍の背後で、社会的混乱と大規模な反乱が起きないようにするための彼の政治戦略の一つであった。コルシカ時代に、聖職者民事基本法を契機として、住民（及びパオリ）との関係が悪化してしまった記憶がナポレオンの頭によぎったのかもしれない。いずれにせよ、ナポレオンは人々の信仰心に対して表面的にでも敬意を払うことが、安定した統治を実現するうえで不可欠であることを、すでによく理解していたのである。

さて、ウィーン進軍をあきらめないナポレオンは、占領地で賠償金や追徴金を徴収したり、美術品を没収したりしては、財政難の本国に送った。その分、総裁政府はナポレオンの独断専行をますます抑制できなくなっていった。

ナポレオンはウィーン進軍を実現すべく、現地の革命勢力を味方に引き入れようと考えて、姉妹共和国の創設に乗り出した。この方針に対して総裁政府は反対であった。総裁政府は、アルプス山脈、地中海《ちちゅうかい》、ピレネー山脈、大西洋《たいせいよう》、ライン川に囲まれた地域をフランスの本来の領土と捉《とら》える「自然国境説」を信奉していたので、フランス東部においてアルプスを越えた地での支配権の確立はもともと考えていなかった。加えて、本国でクーデタを画策して逮捕されたばかりのバブーフの仲間らがイタリアの革命勢力に紛れ込んでいたことも、懸念材料であった。しかし、ナポレオンは総裁政府の忠告を無視して、モデナ公国とロマーニャ地方を併合し、一七九六年一〇月一六日にチスパダーナ共和国を創設する。

一七九七年春、ナポレオンはいよいよオーストリア領に進軍する。四月一三日に中東部レオーベンに入ると、オーストリアとの和平の予備交渉に独断で署名した。総裁政府はその内容に不満であったが、ナポレオンはすでに新聞を用いてフランス国民に和平の成立を知らせており、国民もそのニュースに歓喜したので、総裁政府は条約を呑《の》むことしかできなかった（ナポレオンのプロパガンダ戦略については第四章で扱う）。その後、正式な和平交渉が開始され、一〇月一七日にカンポ＝フォルミオの和約が締結された。

イタリア遠征が政治力を磨いた

この間、ナポレオンはジェノヴァ共和国をリグリア共和国に編成し、また前述のチスパダーナ共和国とロンバルディア地方を併合してチザルピーナ共和国を創設している。これら姉妹共和国では、フランス本国の一七九五年憲法をモデルとして憲法が制定された（政府は五人のメンバーからなり、議会は二つに分かれる）。

しかし、フランス本国の総裁政府では、もはや一七九五年憲法はほとんど支持を失っていた。実際、一七九七年四月七日付ナポレオン宛の総裁政府からの書簡では、ナポレオンの裁量で現地に適した憲法を制定し、本国のような選挙は実施せずに、ナポレオンが公職者を直接任命するように促していたのである。これは後の統領政府の設立手続を予示するものであった。

リグリア共和国とチザルピーナ共和国には大きな違いがあった。リグリア共和国はジェノヴァ共和国を改組しただけであったから、伝統的な政治的実体が最初から備わっていた。これに対して、チザルピーナ共和国は異なる政治的伝統を持つさまざまな地域を統合した、全く新しい国家であった。そのためチザルピーナ共和国では、異なる諸地域の利害に配慮しながら、新たな国家づくりを進めなければならなかった。

そこでナポレオンは、総裁政府から提案された方法を採用することに決める。政府を構成する五人のメンバーと、上院議員六〇人と下院議員一二〇人を自ら直接任命することにしたのである。むろん、ナポレオンが一人で勝手に決めたわけではなく、協力者たちの意見に注意深く耳を傾けながら任命を行った。ナポレオンがとくに注意したのは、各機関において、さまざまな地域がバランスよく代表されることであった。政府のメンバーには、ミラノ、パヴィア、レッジョ、ベルガモ、フェラーラを代表する五人の人物が選ばれた。両院の議員を指名する際にも、ナポレオンは地域の代表性に配慮していた。第三章で詳しくみるように、諸地域の利害に配慮した公職者の任命は、ナポレオンの統治戦略の重要な特徴の一つだが、彼はイタリアの地でそれを実践し、その有効性を学び取っていたことになる。

新たな国づくりを主導し、実質的な統治者となったナポレオンは、イタリア遠征を始めた時点では自身も気づいていなかった底知れぬ政治能力を自覚したに違いない。

イタリアはフランスのための「実験場」

実は、ナポレオンが自らの政治能力を自覚することになったきっかけがもう一つあった。一七九七年四月、フランス本国では、議員選挙において王党派が圧倒的な勝利を収めた。両院（五百人会と元老会）合わせて七五〇議席のうち三三〇以上が王党派で占められ、議長にも王党派議員が就任した。王党派が優勢となった議会はすぐさま反動的な政策を推し進めたため、共和派陣営は警戒感を強めていた。そんな中、ヴェネツィアに亡命していたアントレーグ伯が、イタリアの地でフランス軍によって逮捕され、尋問の末に、五百人会議長のピシュグリュ将軍が王政復古の陰謀に加担していることを証言したのである。ナポレオンは陰謀の証拠を総裁政府に送り、政府との関係を立て直した。

一七九七年九月四日、総裁政府はクーデタ（フリュクティドール一八日のクーデタ）を決行し、軍隊に議会を占領させて王党派議員らを逮捕し、彼らの当選を無効にした。この時、ナポレオンは総裁のバラスから軍隊の支援を要請されていたが、国民から人気のない総裁政府に近づきすぎるのは慎重に避けて、部下のオジュロー将軍をパリに派遣することで協力の姿勢をみせるに留《とど》めた。

重要なのはその後だ。クーデタの四日後（九月八日付）に、外務大臣のタレーランがナポレオンに私信を送り、国家の諸制度の改善策と、憲法の専門家として認められるシィエスのイタリアへの派遣の必要性を尋ねたのである。しかもその私信では、イタリアにとどまらず、フランス本国における諸制度の改革についても問われていた。イタリアはフランスのための「実験場」とみなされていたのだ。

ナポレオンは外務大臣への返信の中で、「フランス国民の組織化はまだ始まったばかりです」と述べ、新たな国家構想を素描している。ナポレオンの考えをまとめると、国民の真の代表者である政府に法案の作成と執行を委《ゆだ》ねること、立法府の権限は憲法の適用に必要な組織法の制定と改正に限られること、そして、政府の行為の合憲性を判断するために、すでに重要な公職に就く人々から選ばれる「国民の大評議会」が設置されること、これらが主張の骨子であった。

イタリアでの経験を基に、ナポレオンが独自に練り上げた国家構想は、政府の強化や憲法審査を担う機関の設置など、フランス本国のシィエスら改憲派グループの考えと合致するところが多かった。ここからも、姉妹共和国で憲法制定を担ったナポレオンが、憲法について熱心に勉強していたことがよくわかる。

しかし、ナポレオン案では立法府には限られた権限しか認められず、逆に政府が強くなりすぎたので、改憲派グループの考えとはまだそれなりに距離があった。結局、シィエスはナポレオンの国家構想を相手にせず、イタリアに赴くこともなかった。フリュクティドール一八日のクーデタ後、タレーランは今後の政変を睨《にら》み、シィエスら改憲派グループとナポレオンを引き合わせようと画策したのだろうが、さしあたりこの試みは失敗に終わった。

とはいえ、政権の中枢にいる人物から国家構想を相談されたナポレオンは、今やタレーランやシィエスらと肩を並べるほどの地位にのぼりつめたことを肌で感じただろうし、自身の政治家としての才能を確信し、フランスでの政権奪取への野望を募らせたことは想像に難くない。政治家としての野心が芽生えたナポレオンは凱旋《がいせん》将軍として、意気揚々とフランスに帰国した。

エジプト遠征――インド交易の要衝

一七九七年一二月五日、ナポレオンはパリに戻った。首都ではイタリア遠征の成功を祝賀して、さまざまなセレモニーが開かれた。主役はもちろんナポレオンだ。この時、ナポレオンは総裁をはじめ、外務大臣のタレーランやシィエスらとも面会する。ナポレオンには政治的な野心が芽生えていたが、まだ二八歳と総裁になるには若すぎた。そのうえ、総裁政府はフリュクティドール一八日のクーデタで、一時的だが安定を取り戻していた。シィエスの周りには改憲派が集まりつつあったが、まだ体制転覆の具体的な準備は行われていなかった。結局、ナポレオンは即座の政権奪取はあきらめ、さらなる軍事的栄光を求めて、イギリス方面軍総司令官への任命を受け入れる。

なお、彼個人の政治的野心ばかりが注目されがちだが、実はこの頃から、フランス社会で軍人の存在感が増していたことを忘れてはならない。ナポレオンに限らず、占領地では将軍らが外交官や行政官として振る舞い始めていたし、反革命派と結びついた匪賊《ひぞく》が蔓延《はびこ》った主要都市では戒厳令が敷かれ、軍隊が警察の役割を担っていた。そのような状況下で、軍人たちは自然と国民の人気を集めるようになり、多くの将軍たちが議員に選出されていった。たとえば、ジュールダン将軍やオジュロー将軍が有名で、一七九九年にはムーラン将軍が総裁に選出されている。軍人のナポレオンが政治の指導者となることを望み、国民もそれを期待したことは、当時の状況において決して不思議なことではなかったのである。

イギリス方面軍総司令官となったナポレオンは、英仏の海軍力の差から、イギリス本土への上陸を早々に断念し、一転してエジプト遠征を決断する。その目的はイギリスのインド交易を阻害すること、そして最終的にはエジプトを植民地化し、それを足がかりにフランスの新たな植民地帝国を創出することであった。フランス人の手でエジプト文明を「再建」すべく、遠征には一五〇人以上の学者らが同行した。

一七九八年五月一九日、エジプト遠征軍はトゥーロンを出港する。マルタを経由した遠征軍は、七月一日にアレクサンドリアに入港し、都市を占領した。そこから南東に進軍し、同月二一日に有名なピラミッドの戦いでマムルーク軍に勝利してカイロに入城した。当時のエジプトは、名目上はオスマン帝国に属していたが、実質的にはマムルークと呼ばれる軍人集団によって支配されていた。ナポレオンはマムルークを打倒し、エジプト人の「解放者」であることを喧伝《けんでん》した。

遠征は順調そうに思われたが、八月一日に、アブキール湾に停泊中のフランス艦隊がネルソン提督率いるイギリス艦隊によって急襲され、壊滅させられた。エジプトの諸港はイギリス艦隊によって封鎖され、エジプト遠征軍はフランスに帰国することはおろか、フランスからの通信もほぼ途絶えることになってしまった。しかしそれゆえに、ナポレオンはイタリアとは異なり、総裁政府の目を気にすることなく、この地で「統治者」として自由に行動できるようになった。「一国の主人」として堂々と振る舞うことができたのである。

「一国の主人」の見習い期間

ここでナポレオンのエジプト政策に目を転じてみよう。

ナポレオンはエジプトを植民地化するにあたり、エジプト人を味方につけなければならないと考えていた。「エジプト人」と言っても、住民の構成はアラブ人やトルコ人、キリスト教徒のコプト人やギリシャ正教徒など多様であった。多数派はムスリムのアラブ人なので、エジプトで安定した植民地体制を築くには、イスラムの慣習を尊重し、ムスリムの信仰心に敬意を払うことがとくに重要になる。エジプトへの出立前から、ナポレオンはそのことを深く理解していた。彼がエジプト遠征にコーランを持参していたことはよく知られている。ナポレオンはエジプトに到着すると、住民に対してこう宣言した（杉本淑彦『ナポレオン　最後の専制君主、最初の近代政治家』岩波書店、二〇一八年の訳文を一部修正のうえ引用）。

エジプトの民に告ぐ。私がこの地にやって来たのは、あなた方の宗教を破壊するためにほかならない、と言われているようだ。しかし、その言葉を信じてはならない。私はあなた方の諸権利を取り戻し、その簒奪者《さんだつしゃ》たち〔マムルーク〕を罰するために来たのである。そして、私はマムルークたちよりもはるかに、神と大預言者とコーランを尊重する者であると答えよう。

ナポレオンは自軍の兵士に対して、イスラムの慣習に従い、礼拝中はモスクに近寄らず、カイロに立ち寄る巡礼者に配慮することを強く命じた。ナポレオンはカイロの秩序を第一に考えて、住民の宗教感情を刺激しないように細心の注意を払っていたのである。

エジプトを植民地化するにあたり、ナポレオンは現状維持に満足しなかった。彼はエジプトを「文明化」すべく、インフラ整備をはじめとした近代的な諸改革を試みていく。エジプト人が西洋文明を目の当たりにすれば、喜んでフランス人に協力するだろうと見込んでおり、西洋科学の普及と現地エリートとの知の交流を目的にして、カイロにはエジプト学士院が設立された。学者と技師によって行われた気球の公開実験もまた、文明の力を見せつけるためのパフォーマンスであったが、これは失敗に終わった。

ナポレオンが試みた近代的な諸改革の中でも、とくに重要なのが代表制の導入である。一七九八年七月二五日、ナポレオンはカイロで九人の議員からなる議会（ディヴァン）を設立し、租税の徴収や行政を担わせた。ムスリムの名望家も議席を有したが、議員の多くはコプト人であった。したがって、植民地体制へのムスリムの迎合は限定的であったが、ナポレオンは時間が経てば多くの住民が議会の重要性を理解するだろうと楽観視していた。

夏の間に、カイロ以外の主要都市にも議会が設立されると、一〇月には二〇〇人程度の議員からなる全国議会（総ディヴァン）が召集された。ここでは、「エジプト人」を構成するさまざまな集団が代表者を持つ、一種の全国三部会のようなものが構想されており、エジプトの行政と司法の再編、租税の徴収、私的所有権の改革などを担うことが期待された。

結局、同月二一日にカイロでフランス軍による徴税に反発した住民たちが反乱を起こしたことをきっかけに、全国議会は解散してしまった。実際のところ、議員の多くも現状維持をよしとしていたので、議会の有用性をあまりよく理解していなかった。

それでも、ナポレオンの諸政策はその後のエジプトの近代化の礎となり、一九世紀初頭のムハンマド・アリーの近代化政策に引き継がれていく。また、ナポレオンにとっても、イタリア以上に自由に、そして一から国づくりに取り組めたことは貴重な経験となった。ナポレオンはエジプトの地で「一国の主人」としての見習い期間を過ごし、一人前の政治家として羽ばたいていったのである。

一七九九年一月になると、事態は急展開する。オスマン帝国がイギリスと反仏同盟を結び、エジプトへの進軍を計画しているとの報《しら》せが入ったのである。ナポレオンは先制攻撃を計画し、フランス軍を北上させた。三月七日にはヤッファを陥落させたが、アッコの攻囲戦に失敗すると、エジプトへの撤退を余儀なくされた。このシリア遠征は大失敗であったが、七月にオスマン軍がイギリス艦隊に運ばれてアブキール湾に上陸すると、ナポレオンはこれを撃退した。「アブキール」で汚名をそそいだ彼は、交渉相手のイギリス海軍から本国の政治的混乱と対外的危機を知らされて、フランスへの帰国を決意する。一〇月九日、ナポレオンは南仏のフレジュスに上陸した。

ブリュメール一八日のクーデタ

ナポレオンがエジプトに閉じ込められていた頃、フランスでは政局に大きな変化がみられた。一七九九年四月、議員選挙の結果、ネオ・ジャコバンと呼ばれる急進共和派が議会で優位を占めるようになる。彼らは富裕層を対象にした強制公債法と、反革命亡命者や貴族の親族を対象にした人質法を可決したので、王党派だけでなく、穏健共和派にも混乱が生じていた。各地で戦局も悪化しており、穏健共和派の目には、恐怖政治の再来が間近に迫っているようにみえたのである。

シィエスら改憲派グループは、もはや総裁政府体制の存続は不可能とみて、憲法改正の方法を画策する。議会を通じた憲法改正の正式な手続には最短でも九年を必要としたので、彼らは軍隊を用いて、クーデタによる新体制の樹立を目指すことに決めた。その指導者としてシィエスは当初、ジュベール将軍に目をつけていたが、ジュベールはイタリア遠征中にノヴィの戦いで命を落とした。

ナポレオンがフランスに帰国したとの報せが舞い込んできたのはその時である。ちょうどアブキールでの勝利のニュースがフランスに伝わった頃に到着したナポレオンは、国民から「救世主」として迎えられ、歓喜の中、首都に向かった。パリに到着したのは、一〇月一六日の早朝だった。

このとき、ナポレオンはまだ権力掌握に向けて、誰と組むか決めかねていた。そんなナポレオンをシィエスと引き合わせたのはボナパルト兄弟である。兄ジョゼフはパリの社交界で独自のネットワークを構築してシィエスと通じていたし、弟リュシアンは五百人会の議員で、シィエスの改憲派グループに属していた。彼らはナポレオンの自宅に通い、シィエスと協力するように説得した。

タレーランとレドレルもまた、ナポレオンをシィエスの改憲派グループに引き込むために尽力した。レドレルは総裁政府期のジャーナリストであるが、ナポレオン時代（とくに前半）には高官として活躍するナポレオン体制の影の立役者である。その重要性とは対照的に知名度はあまりないが、本書では度々出てくるので覚えておいてほしい。

結局、ナポレオンはシィエスとの協力を受け入れた。シィエスら改憲派グループはすでにクーデタを計画していたので、その後の展開は非常に速かった。事実、両者の最初の会合から一週間後にはもう詰めの作業が行われていた。クーデタ計画が具体化する中で、司法大臣のカンバセレスや警察大臣のフーシェといった政府高官をはじめ、保守派・穏健派の議員や実業界の面々が加わり、「ブリュメール派」が形成されていった。

一七九九年一一月九日（ブリュメール一八日）、ついにクーデタ計画が実行に移される。初日には、首都での民衆運動を予防するために、ネオ・ジャコバンの蜂起の脅威を口実にして元老会に議会移転を迫り、議会をパリ中心部から西へ一〇キロにあるサン＝クルー城に移転させた。ナポレオンはパリ管区師団司令官に任命され、議会の警護にあたった。総裁政府（五人の総裁たち）の無力化は、計画の首謀者であるシィエスとデュコの辞職、バラスの買収、そしてクーデタに反発したゴイエとムーランが軍隊によって軟禁状態に置かれたことで達成された。

翌日、ブリュメール派は議会で臨時政府の設立の承認を目指したが、とくに五百人会で審議が難航した。ナポレオンは痺《しび》れを切らし、少数の兵士を引き連れて議場に乗り込んだが、議員たちは憤慨して怒号が飛び交い、ナポレオンを「法の保護の外に置く」との動議まで出されてしまう。ここで五百人会議長のリュシアンが機転を利かせた。すぐさま休会を宣言し、議場の外に出ると軍隊に熱弁を振るい、議員たちを議場から排除させたのだ。

こうして抵抗勢力を排除すると、残っていた議員をかき集めて会議を再開し、臨時統領政府と憲法制定委員会の設立を承認させた。臨時統領には予定通り、シィエス、デュコ、ナポレオンが選出された。統領たちはフランス国民への声明を採択し、「平等、自由、代表制に基づく単一不可分の共和国に忠実である」ことを宣言した。

「無色」の第一統領

クーデタの翌日から、権力争いが始まった。当初、新憲法の制定でイニシアティヴを握ったのはシィエスであった。ブリュメール派の多くは憲法改正を目的に彼のもとに結集した人々であったから、彼らの視線がシィエスに向けられたのは当然である。シィエスの支持者たちは彼の憲法草案がすでにできあがっているものと考えていたが、まだ何も書かれていないことが判明した。そこでレドレルらがシィエスの考えを口述筆記して、憲法草案が作成された。

ナポレオンはシィエスの憲法草案の大部分には賛同していたが、シィエスがナポレオンに大選任者に就任してほしいと提案したことで、二人の対立は避け難いものになった。大選任者とは、シィエスが独自に構想した地位であり、政府を主導する二人の統領（内政と外交）の上に立ち、統領の任免権を持つ。大選任者は「フランスの代表者」であり、多額の俸給が認められていたが、ナポレオンは統領の任免以外に実際に政治に関わることのできないこのポストに不満を持った。そのうえ、同じくシィエスによって構想された護憲院には、大選任者を罷免する権限が認められており、これもナポレオンは気に入らなかった。

先にみたように、ナポレオンはイタリア遠征以来、独自の国家構想を育《はぐく》んでおり、手ぶらでシィエスと対峙《たいじ》したわけではなかった。彼はシィエス以上に政府の強化を望んでおり、その指導的立場に就くつもりであった。

その後、シィエスとナポレオンの対立はしばらく続いたが、次第にシィエス支持者もナポレオンの側に歩み寄っていった。憲法の制定が遅れたため、各地で動揺が生じることが危惧《きぐ》されていた。また、世論を重視するブリュメール派が国民の英雄であるナポレオンを切り捨てることなどできるはずもなかった。

最終的に統領は三人となり、中でも強大な権力を持つ第一統領のポストがナポレオンに提示された。一二月一二日に憲法草案が採択され、第一統領にナポレオン、第二統領にカンバセレス、第三統領にルブランが選ばれる。カンバセレスはルイ一六世の処刑に賛同した国王弑逆者《しいぎゃくしゃ》であったが穏健左派を代表し、ルブランは穏健右派を代表していた。これにより、ナポレオンは両者の間に位置し、超党派的な立場から国民の和解を実現する意思を国民に示すことができた。

実際、ナポレオンは自身に何らかの「党派色」が付くことを入念に避けていた。そして、新体制においては、能力さえあれば、どんな政治的意見を持つフランス人でも重要なポストに就くことができることを国民にアピールした。それこそが、革命を終わらせ、安定した体制を築こうとするナポレオンの統治戦略の基軸であった。一五日、一七九九年憲法が公布され、統領三人は、「市民よ、革命はそれを始めた原理のうちに固定された。革命は終わった」との声明文を布告した。

法案提出権は政府に独占された

一七九九年憲法では、政府は三人の統領に委ねられたが、実質的に権力を握ったのは第一統領であり、法律の提案、軍の指揮と外交、大臣、行政官、裁判官などの指名を行った。第二統領と第三統領は第一統領の相談役にすぎなかった。法案作成を担ったのは国務参事院であり、第一統領が主宰する。議会は護民院と立法院の二つに分かれ、護民院は法案を審議できたが法律を可決できず、立法院は法律の可否を決定することができたが、審議はできなかった。したがって、法案提出権は政府に独占されることになる。当初のシィエス草案では議会の一つに法案提出権が認められていたので、一七九九年憲法では、シィエス草案と比べても議会が弱体化していた。政府を「国民の真の代表者」とみなすナポレオンの国家構想を強く反映した結果である。

政府の暴走を抑止するために、合憲性を審査する護憲元老院（以下、元老院）が設置される。憲法審査を担う機関はシィエス草案でもとくに重要な構想であった。ナポレオンも合憲性を審査する何らかの制度が必要であると以前より考えていたので、一七九九年憲法において制度化された。しかし、終身身分と高額の俸給が認められた元老院議員には、ブリュメール一八日の協力者たちがクーデタへの加担の「報奨」として優先的に任命されており、その後、彼らは既得権益を守ることを第一に考えて、次第に政府と癒着するようになっていく。

一二月二四日、一七九九年憲法は国民投票の結果を待たずして施行された。ナポレオンはついに国家のトップに立ち、強大な権力を手にすることになった。

国内外の混乱

憲法の制定後、地方行政改革、選挙制度改革、司法改革と重要な改革が矢継ぎ早に断行されていった。それと並行して、ナポレオンは国内外の平和の構築にも精力的に取り組んだ。国民にとって、ナポレオンは何よりも「カンポ＝フォルミオの和約」の締結者であったから、「平和の使者」としての役割が期待されていた。ナポレオンもそのことをよく理解していた。

ちなみに、革命期において国内外の平和は一体不可分であり、連動したものである。というのも、列強が対仏大同盟を結成し、フランスの国境が脅かされると、それに呼応して国内では反革命勢力が勢いづき、各地で反乱や匪賊行為が発生したからだ。したがって、ナポレオンは内憂外患を同時に取り除かなければならなかった。

第一統領の座に就いたナポレオンが最初に取り組んだのは、フランス西部のヴァンデ地方の平定である。聖職者民事基本法の適用以来、ヴァンデ地方では、反革命貴族が敬虔《けいけん》なカトリック信徒を率いて反革命運動を展開し、フランス軍と激しく対立していた。総裁政府の末期には、イギリス、ロシア、トルコ、オーストリアなどで構成される第二次対仏大同盟の結成に呼応して、再び運動を活性化させていた。

ナポレオンは基本的には総裁政府の政策を引き継いで、西部方面軍（正式名称は「イギリス方面軍」）による鎮圧を続行した。一方で、彼は国内平和を再建するために、宥和《ゆうわ》政策にも取り掛かった。たとえば、ブリュメール一八日のクーデタの直後には、亡命者が反革命運動に関与した場合に、フランス国内に留まる親族を人質として拘束したり、厳罰を科したりすることを定めた人質法が廃止されている。また、反革命亡命者を処罰する法律も緩和された。新体制の宥和的な姿勢を目の当たりにして、王党派の指導者たちはナポレオンとの交渉の可能性を感じ取り、両者の会見が実現する。ところが会見では、王党派側が要求したブルボン家の復位を、ナポレオンはきっぱりと拒否し、交渉は決裂した。

しかし、会見の翌日に、ナポレオンはフランス西部住民に対して声明文を発している。新憲法が礼拝の自由を保障することを約束し、住民に武器を捨てるよう説得しつつ、王党派との関係を断ち切ろうとしたのだ。人々の「信仰の自由」を尊重し、慣習的な振る舞いにはできるだけ干渉しないというナポレオンの政治姿勢がここでも認められる。

もっとも、軍事的圧力が弱まったわけではない。統領政府は移動式の特別軍事法廷を備えた部隊（探索部隊）を積極的に用いて、各地の匪賊を逮捕・処刑していった。一八〇〇年一月一六日には、ブルターニュ地方全体で憲法が停止され、特別軍事法廷が多くの反徒を処刑した。同地方に再び憲法が適用されるには、それから三ヶ月を要した。しかし、その後も反乱は断続的にみられ、主要都市は戒厳令のもとに置かれたままであった。

宗教的多元性にこだわる

結局のところ、フランス西部の反乱が完全に終息するには、コンコルダとアミアンの和約の締結を待たなければならなかった。

一八〇〇年五月、ナポレオンは第二次対仏大同盟の結成以降、列強に奪い返された領土を取り返すべく、自ら軍隊を率いてアルプスを越え、北部イタリアに侵攻する。「第二次イタリア遠征」である。六月一四日、マレンゴでフランス軍はオーストリア軍に対して勝利を飾り、北部・中部イタリアを再び掌中に収めた。

第二次イタリア遠征の最中に、ナポレオンは密《ひそ》かにローマ教皇庁との和解に着手する。フランス国内の平和を実現するためには、敬虔なカトリック信徒を反革命運動から切り離さなければならないことを、ナポレオンは正しく認識していた。フランス側とローマ教皇庁の間で激しい駆け引きが行われ、ようやく一八〇一年七月一五日にコンコルダが締結される。これにより、ローマ教皇はフランス共和国を承認し、フランス共和国はカトリックが「フランス市民の大多数の宗教」であることを認めた。

当初、ローマ教皇庁からはカトリックを「国教」とするように要求されていたが、ナポレオンは「信仰の自由」を重視していたので、これを断固拒否した。妥協の結果、最終的に採用された「フランス市民の大多数の宗教」という表現は、現状を示すにすぎなかった。加えて、ローマ教皇は革命期に没収された教会財産（国有財産）の返還を求めないことにも合意させられていた。

その後、カトリックの附属条項とプロテスタント（ルター派とカルヴァン派）の附属条項がコンコルダと一本化され、一八〇二年四月八日に法律として制定された。フランス革命・ナポレオン時代の宗教史を専門とする松嶌明男《まつしまあきお》が明らかにしたように、同法は、フランス国内に複数の宗教宗派が存在することを前提に宗教的多元性を保障し、治安維持上の問題がない限り、礼拝の形態に対しては不干渉の原則を定めていた。いわゆる「公認宗教体制」であり、ナポレオンは何らかの宗教や宗派に肩入れせず、一段上の立場から、宗教宗派の平和的な共生を実現しようとしたのである。ナポレオンの統治戦略の特徴をよく示す政策だ。

コンコルダの締結により、カトリック信徒が反革命運動に参加する根拠は失われ、国内の反革命運動は終息していった。それをみて、交戦国のイギリスはフランスとの和平交渉に入り、一八〇二年三月二五日にアミアンの和約が締結された。ヨーロッパは一〇年ぶりに平和を取り戻した。ナポレオンは国民の期待に応《こた》え、「平和の使者」としての役割を全うしたのである。八月四日、元老院は元老院決議により一七九九年憲法を改正し、第一統領のナポレオンに終身身分を認めて、終身統領政を設立した。

排除した反対派議員を県知事に

一七九九年憲法の制定から終身統領政の成立までの間に、反ナポレオン運動がなかったわけではない。コンコルダの締結は、カトリックを毛嫌いする共和派の不満を高めた。また、革命期から刑事裁判所には陪審が設置されていたのだが、陪審が設置されない特別裁判所の創設や民法典の諸規定に対して護民院では強い反発が生じており、実際、いくつかの政府案は廃案に追い込まれている。

見兼ねたナポレオンは、護民院の第一次改選において、指名権を持つ元老院を利用し反ナポレオン派議員を議会から排除した。ただし、単に排除するのではなく、彼らに行政の高位職（たとえば県知事）をあてがうことで、発言を封じ込めるとともに、体制内に取り込むことにも成功した。これもナポレオンの重要な統治戦略の一つである。

平和は長くは続かなかった。アミアンの和約での決定に反して、イギリスが地中海の要衝であるマルタ島からの撤兵を拒否し、フランスはオランダ領からの撤退を拒んだことにより、戦争の再開は不可避になる。その結果、一八〇三年五月に英仏が再び戦争に突入すると、フランス国内では、ナポレオンの暗殺を企てる王党派がにわかに動き出した。一八〇四年一月、イギリスの支援を受けた王党派のカドゥーダルが首謀した陰謀事件が発覚し、カドゥーダルは処刑された。さらに三月二一日には、陰謀に関与したとして、国外にいた王族のアンギャン公を拉致《らち》して処刑している。実際にはアンギャン公は陰謀に関与していなかったが、国内の共和派はナポレオンが彼らと同じように王族の弑逆者となったことに安堵《あんど》した。

英仏戦争の再開とナポレオンの暗殺未遂事件の発覚は、彼の死後も揺るがない体制作りをしておかなければならないことを、改めて人々に思い起こさせた。一八〇四年五月一八日、世襲帝政が敷かれ、一二月二日には、パリのノートルダム大聖堂で皇帝即位の聖別式が挙行された。ナポレオンは革命の成果を受け継ぐ者として、領土の保全、信仰の自由、権利の平等、政治的自由、そして国有財産売却の不可侵性を宣言した。ナポレオンはついに「フランス共和国の皇帝」の座にのぼりつめたのである。

「異国の地」での経験が彼を政治家に育てた

政治家ナポレオンは、コルシカで生まれ、イタリアで育ち、エジプトで独り立ちした。革命が勃発《ぼっぱつ》した時、ナポレオンはまだ二〇歳でしかなかった。彼はフランス本土とコルシカを行き来しながら、革命の時流に乗って、コルシカの地位改善とボナパルト家の社会的昇進を目指して政治活動を開始した。

聖職者民事基本法の適用を契機として、コルシカ住民やパオリとの関係が悪化したことは、ナポレオンに宗教の力を学ばせることになった。その経験はイタリアでもエジプトでも活《い》かされる。宗教には寛容な態度で接し、人々の慣習的な振る舞いには極力干渉しないことが、その後のナポレオンの政治方針になった。ナポレオンのそのような姿勢が、結果としてローマ教皇庁とのコンコルダの締結を実現させ、フランス国内の反革命運動を終息させたのである。

イタリア時代のナポレオンは、姉妹共和国の創設に一から携わったことで、フランス本国の憲法にも詳しくなり、フランスの国家体制の欠陥を認識するようになった。また、チザルピーナ共和国は、異なる政治的伝統を持つさまざまな地域を統合して作られていたことから、ナポレオンは公職者の任命において、諸地域の利害を考慮することが安定した統治体制を構築するうえで不可欠であることを学んだ。実際、エジプトでも、何らかの党派や宗派に肩入れせず、新たな国家（植民地体制）において、すべての集団がバランスよく代表されるように配慮していた。コルシカで、代々政治家を輩出する名望家の生まれであったため、地域利害を尊重することが統治において重要であることを、幼い頃から肌で感じていたのかもしれない。

革命期のフランスでは、政治党派や宗派の過激なイデオロギー対立がみられた。そんな中、ナポレオンは何らかの政権や党派に積極的にコミットするのを意図的に避けた（一度、ロベスピエール派に間違われたことは苦い思い出であった）。革命の最中、ナポレオンはほとんどを外国で過ごしたことで、フランス国内の政権争いを高みで見物することができたし、それゆえ、国民から色眼鏡でみられることもなかった。ブリュメール一八日のクーデタ後に、超党派的な立場から統治者として振る舞うことができたのは、そのためである。

ナポレオンは「異国の地」で政治経験を積むことで、さまざまな地域の伝統や慣習を尊重した統治術を身につけていった。コルシカ、イタリア、エジプトと、「異国の地」を渡り歩き、特異な政治経験を得たことで、当時のフランスにおいても稀有《けう》な能力を持つ政治家に成長することができたのである。

「異国の地」でのナポレオンの政治キャリアからみえてきた彼の統治戦略の特徴は、次のようにまとめることができる。すなわち、宗教の力の利用、諸地域の利害の尊重、そして超党派的な立場から国民を代表することである。では、フランス本国において、国のトップに立ったナポレオンは、これらを基軸とした統治戦略を具体的にどのように展開していったのだろうか。以下では、選挙（第二章）、情報収集と利害調整（第三章）、プロパガンダ（第四章）に焦点を当てることで、政治家ナポレオンの統治戦略の一端を明らかにしていこう。

第二章　ポスト革命期の選挙戦略

ナポレオンは選挙嫌い？

フランス革命が勃発《ぼっぱつ》すると、革命家たちは王権の支配に立ち向かうために、議員、地方行政官、司法官などをすべて公選とした。彼らにとって、世論に基づく統治を実現することが肝要であった。そして、その根幹をなしたのが選挙制度である。

これに対して、ナポレオンは選挙を嫌っていたとよく言われる。その根拠の一つとして挙げられるのが、ブリュメール一八日のクーデタ後に新たに設立された地方行政制度だ。行政再編によって、県、郡、市町村が地方行政の枠組みとして採用され、任命制の県知事、郡長、市町村長が配置された。革命期の地方行政官のほとんどは選挙で選ばれていたので、任命制の県知事制度の導入は地方統治のあり方に大きな転換をもたらすものであった。そのため、ナポレオンは革命期の選挙制度を否定し、任命制に基づく中央集権を確立した人物として、長らく理解されてきたのである。

事実、歴史家はこうした中央集権的な地方行政制度に対して、早くから関心を向けてきた。彼らは共通して、県知事制度がナポレオンの「独裁」志向から生まれたものであると主張している。たとえば、ソルボンヌ大学フランス革命史講座初代教授のアルフォンス・オラールによれば、それは「唯一人〔ナポレオン〕のために絶対的中央集権を設立する」

ものでしかなかった。

しかしながら、実際のところ、県知事制度はナポレオンの「独裁」志向から生まれたものではない。県知事制度を考案したのは、シィエスやレドレルといったブリュメール派と呼ばれる政治家たちであった。そのうえ、この制度は当時、議会において圧倒的多数で可決されたのである。ナポレオンが独裁的な権力を確立するために、革命の根幹である選挙制度を否定して、任命制を導入したとする主張には、無理があると言わざるを得ない。

それどころか、ナポレオンは選挙制度を全面的に否定するつもりなど毛頭なかった。詳しくは後で述べるが、一七九九年憲法、一八〇二年憲法、そして一八〇四年から始まる帝政が国民投票によって承認されたことはよく知られているし、ナポレオン時代を通して、選挙制度は形を変えながらも常に維持されていたのである。

では、なぜナポレオンは選挙制度を否定せず、それを維持する必要があると考えたのだろうか。また、ポスト革命期において、どのような戦略によって選挙制度の維持を図っていたのか。本章では、これらの問題を検討しながら、ナポレオンの選挙戦略を具体的に明らかにしていきたい。

革命前期の選挙制度

ナポレオン時代の選挙制度の特徴をより良く理解するために、それに先立つ革命期の選挙制度から整理していこう。

フランス革命が勃発し、憲法制定国民議会が成立すると、ただちに選挙制度に関する議論が開始された。しかし、当初から革命家たちは、すべての国民が政治的主権を行使することを想定してはいなかった。市民は政治的主権を行使できる能動市民（二五歳以上で三日分の賃金に相当する直接税を納める男性）とそれを備えない受動市民に区別されたのである。ちなみに、ここで「三日分の賃金」というやや曖昧《あいまい》な規定がなされているのは、当時、フランスの諸地域で賃金格差が大きかったことに対応したものだ。その結果、全人口のおよそ一五%、四三〇万人程度の成人男性に投票権が与えられることになった。

被選挙権はさらに厳しく制限された。たとえば、市町村レヴェルの官職や後述する県選挙人に選出されるには、一〇日分の賃金に相当する直接税を納めていなければならず、また、議員に選ばれるには、およそ五〇リーヴル相当（一リーヴルは現在の日本円に換算すると一万円弱）の直接税を支払う必要があった。前者は二五〇万人程度、後者はせいぜい四〇万人程度にすぎなかった。

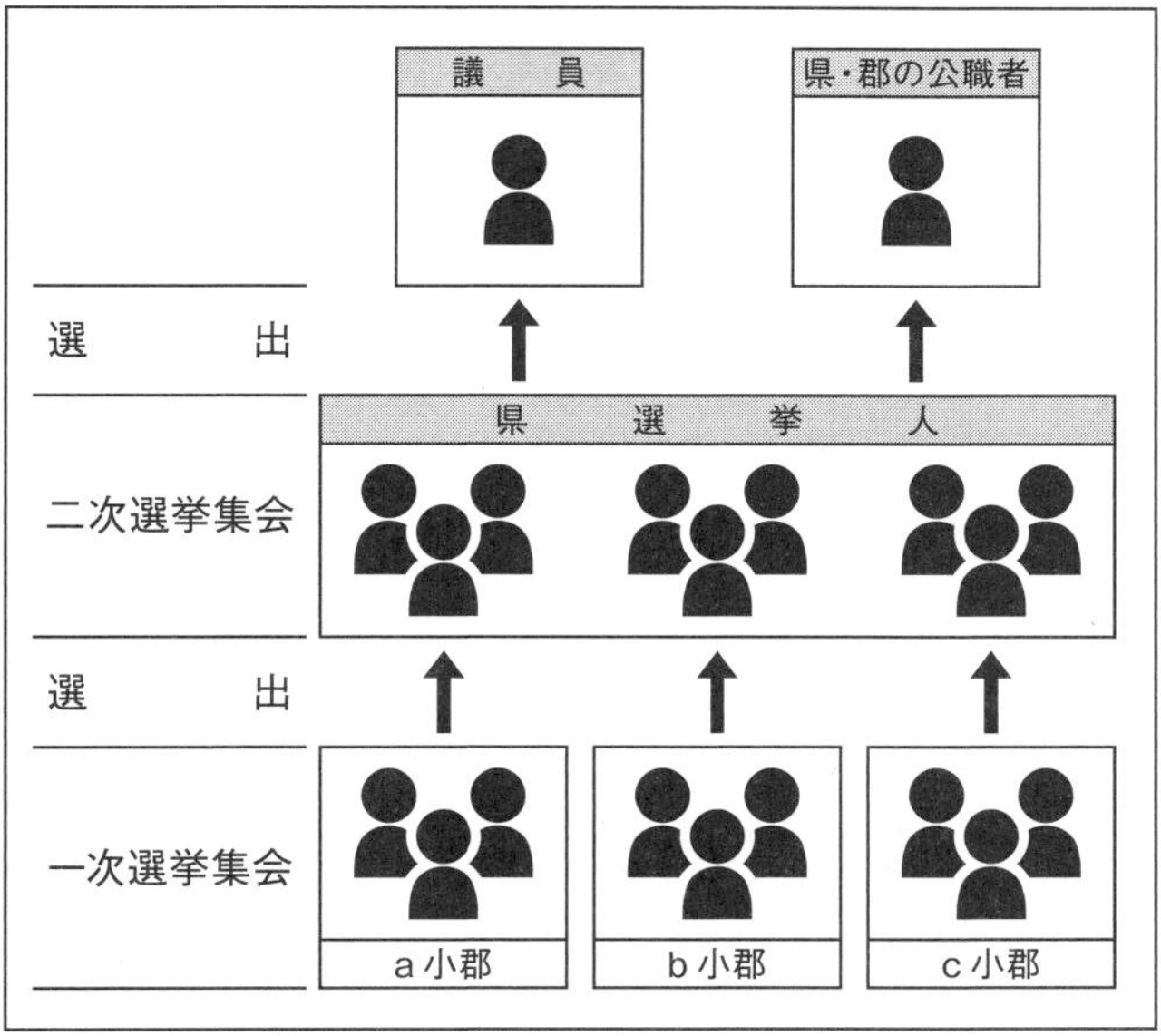

図1　革命期の選挙制度（A県の場合）

革命期の選挙制度では、二段階の間接選挙が採用された（図1）。この仕組みは革命の一〇年間を通して変わらない。能動市民はまず一次選挙集会に集まって県選挙人を選出した。この県選挙人が二次選挙集会に集まって、議員や県・郡レヴェルの公職者を投票で選んだのである。なお、投票方法としては、「選挙集会」の形式が採用された。選挙集会とは、決められた時間に有権者が投票所に集まって、出席者の点呼がなされた後に、皆の前で順番に投票していく方法である。とても時間のかかる方法ではあったが、当時の人々にとっては標準的な方法であったし、衆人環視のもとに投票が行われることで、不正や圧力を排除できると考えられた。

また、複数回（最大三回まで）の投票による絶対多数での選出が規定されていたことも、革命期の選挙制度の重要な特徴だ。つまり、絶対多数票を獲得する者が現れるまで投票を何度も繰り返し、それでも決まらなければ、最後に上位者による決選投票が行われて当選者を決定した。煩雑な作業だが、できるだけ多くの人が納得のいく人物が選ばれることが重視されたのである。ちなみに、現在でもフランスでは大統領選挙や議員選挙において、この方法が応用されている。

革命が激化する中でも投票率は一五〜二〇%

とはいえ、革命の当初から、制限選挙と間接選挙が採用されたことからも、革命家たちが富と才能ある階層こそが統治者としてふさわしいと考えていたことは明らかである。そのうえ、選挙集会や複数回の投票が採用されたことからも予想されるように、選挙とは市民が「気軽」に参加できるものではなかった。そのことは投票率に如実に表れており、一七九〇年に開催された革命期の最初の選挙では、一次選挙集会での投票率はおよそ五〇%

にのぼったが、翌年には早くも市民の熱が冷め、投票率は二〇％程度に落ち込んでいる。

しかし、投票率が低下したにもかかわらず、革命は沈静化せず、逆に激化していった。国王ルイ一六世の逃亡未遂事件、諸外国との戦争による危機的状況は一七九二年八月一〇日のテュイルリー宮殿襲撃事件に帰結し、王権は停止された。その直後から、選挙権と被選挙権の納税額に基づく制限は撤廃され、年齢も二一歳以上に引き下げられた。間接選挙は維持されたものの、およそ六〇〇万人の男性が選挙権を手にしたのである。

では、有権者の多くが熱狂して選挙に参加したかといえば、必ずしもそうではない。ただちに国民公会の議員選挙が行われたが、一次選挙集会の投票率は一五％程度にとどまり、前年から引き続き低下している。それでもこの度は有権者数が増加したので、一七九一年と比べて、実際に選挙に参加した人数が増えていることには留意しておかなければならない。

なお、一七九二年には、パリのジャコバン・クラブと連携し、地方政治に影響力を持った政治クラブによる激しい選挙キャンペーンが展開されており、投票率は農村部よりも、政治クラブが所在する都市部で高い傾向を示した。そのため、それまで各地で地域全体の代表性に配慮して議員や行政官が選出されていたのに対し、この時期から、都市部出身者が多く選出されるようになった。国民は第一に国民共同体の利益（一般利益）を考えて行動しなければならず、地域の利害（地方利益）を表立って主張することはできなくなっていく。

その結果、議員や行政官に選出された多くの都市部ブルジョワジーが、革命推進の主たる原動力となったのである。こうして革命の初期にみられた地域代表性への配慮は失われることになった。地方政治において、地域全体の代表性への配慮が取り戻されるには、ナポレオン時代を待たなくてはならない。

革命後期の選挙制度

一七九四年七月、テルミドール九日のクーデタにより、革命政府が解体され、その後、新しい憲法（一七九五年憲法）が制定された。恐怖政治期の反省から、テルミドール派には民衆層に対する不信感が強かった。新たな選挙制度では、有権者の年齢制限は引き下げられたままであったが、間接選挙は維持され、投票権を有するには直接税の支払いが再び要求された。また、新たに登録された有権者に識字能力を求める規定も生まれたが、これは運用されなかった。

有権者の総数はおよそ五〇〇万人と想定されている。したがって、一七九五年憲法は一七九一年憲法と比べて、投票権の制限はより緩やかであった。ただし、被選挙権については、県選挙人に選出されるのに一〇〇〜二〇〇日分の賃金に相当する不動産の所有が求められるなど、有産者寡頭支配的な性格が強まった。結局、被選挙権が認められたのは一〇〇万人程度にすぎなかった。一七九一年には、被選挙権を持つ者は二五〇万人を数えていたから、かなり厳格な規定であったことがわかる。

一七九五年憲法によって設立された総裁政府は、有産者寡頭支配を実現するために、一方では民衆（およびネオ・ジャコバン派）を排除し、他方では王政復古を目指す王党派の勢力拡大に警戒しなければならなかった。ところが、そのような中道政治はすぐに危機に瀕《ひん》する。総裁政府の創設前からすでに、テルミドール派国民公会は、新憲法下で選出される両院議員合わせて七五〇人のうち、最初の選挙に際し、その三分の二は現職の国民公会議員で占めなければならないとする、いわゆる「三分の二法令」を可決して選挙民を失望させていた。そのため、クーデタ後初めての一次選挙集会の投票率は一一％と、極めて低い数字にとどまったのである。

そもそも、一七九五年憲法は、革命独裁への回帰を警戒して毎年の選挙を規定していたが、蓋《ふた》を開ければ、選挙集会では党派間の激しい争いが繰り広げられることになった。王党・ジャコバン両派の政治グループが過激な選挙キャンペーンを展開し、党派的性格の強い出版物が各地で刊行された。情勢を不利とみた政治グループが独自に選挙集会を開き（分裂選挙）、自身の選挙集会こそが「合法」であると政府に訴える事例も数多くみられた。いずれにしても、総裁政府期の選挙戦では、政治イデオロギー対立の激しさと国民の投票率の低さのコントラストが際立っている。

王党派とネオ・ジャコバン派の選挙キャンペーンにより、毎年、選挙結果が左右された。その度に総裁政府は選挙結果を無効にしたので、国民の全般的な不信を招く結果となった。不安定な政権運営を迫られた総裁政府に見切りをつけたシィエスら改憲派勢力（ブリュメール派）は、総裁政府を打倒することで、国民の信用に基づく新たな統治体制の構築を模索していく。

では、ブリュメール一八日の後、新たに制定された一七九九年憲法では、どのような選挙制度が考案されたのだろうか。また、それに対して、ナポレオンはどのような態度を示したのか。

好きな時間に投票できるのは画期的だった

クーデタから一ヶ月が経った一七九九年一二月一二日から一三日の夜にかけて、一七九九年憲法がフランス国民の承認に付されることが決定され、翌日、国民投票の条件を規定する法律が可決された。ちなみに、国民投票制度を考え出したのはナポレオンではない。すでに一七九三年憲法と一七九五年憲法の承認において、国民投票を用いて民意が問われていた。しかし、ブリュメール一八日の後、新体制によって採用された国民投票制度には、これまでにないある革新がみられた。

国民投票の条件を規定した法律によると、憲法の条文が記載された書類とともに、二冊の登録簿（承認の登録簿と否認の登録簿）が、各自治体、行政機関、裁判機関に送付される。そして、三日間の投票期間が設けられ、有権者（六〇〇万人を想定）が好きな時間に訪問し、憲法を承認するか否か、登録簿に記載するとされたのである。革命期には、選挙だけでなく国民投票でも選挙集会が組織されていたので、市民が個人的に投票したい時間を選べるというのは極めて斬新であった。現代ではあたりまえの個別投票であるが、フランスで導入されたのはこの時が最初である。

総裁政府期の選挙戦では、党派間の政治イデオロギー対立の激しさと、それゆえの投票率の低さが問題となっていた。背景として、選挙集会における投票では、選挙キャンペーンを組織する「少数派」の政治グループが市民に圧力をかけることで、選挙結果に過度に影響を与える余地があった。そうした懸念に対応した国民投票制度のこの革新性について、内務大臣のリュシアン・ボナパルトは、「個別投票の始まりは、騒々しい集会の影響を遠ざけることで、全市民に大きな自由を与えることになった」と自画自賛している。新体制の正統性が認められるためにも、王党派やネオ・ジャコバンの影響力を抑えつつ、できるだけ多くの市民に投票させるための戦略が採用されたのである。

国民投票では、市民に登録簿への署名が求められていたことも見落としてはならない。革命期には秘密投票が一般的だった。確かに、発声による投票もしばしば使用されていたし、文字を書くことができなければ、投票立会人が代筆したので、秘密投票が「形式的」なものであった可能性は否めない。とはいえ、登録簿への署名が義務付けられたことで、新憲法に反対票を投じるハードルが相当高くなったことは間違いない。

レフェランダムとプレビシット

国民投票は一八〇〇年一月に締め切られ、各地の結果がパリに集められた。登録簿への署名の義務化が功を奏したのか、否定票は少なくわずか一五六二票であった。実は一七九三年と一七九五年の国民投票でも、否定票はそれぞれ一万二七六六票と四万九九七九票で、今回より多かったとはいえ、投票総数の〇・七％と四・五％にすぎなかったから、否定票の少なさは政府の想定内であった。

むしろ政府が落胆したのは一五〇万程度の賛成票しか集まらなかったことである。これは一七九五年の国民投票（約一一〇万票、有権者の二〇％）より多かったが、一七九三年（約一八〇万票、有権者の三四％）よりも少ない数字であった。そのうえ、有権者の二六％程度しか新憲法に賛同していないとなると、新体制の正統性に疑義が呈される恐れがあった。ブリュメール派の間では、クーデタで成立した新体制は、少なくとも国民の過半数から信任を受けなければならないとの考えが共有されていた。

そこで内務大臣は票の水増しに取り掛かった。国民投票に参加できなかった軍隊の構成員全員が憲法を承認するとしておよそ五五万票の賛成票と、根拠は定かでないが、各県に七〇〇〇〜一万四〇〇〇票（計九〇万票）の賛成票を水増しさせたのである。一八〇〇年二月七日、政府は憲法が三〇一万一〇〇七票の賛成、一五六二票の反対により承認されたことを公表した。この数字は、有権者（六〇〇万人）の過半数が新憲法を受け入れたことを意味していた。当然、民主主義の観点からはこの賛成票の水増し行為を認めることはできないが、有権者の過半数という数字へのこだわりは、彼らが新体制の正統性を何よりも国民の支持に求めたことを示している。

その後も、国民投票はナポレオンが一八〇二年に終身統領になる際にも、一八〇四年に皇帝になる際にも実施された。ただし、一七九三年、一七九五年、一七九九年と、それまで民意が問われたのは統治体制全体であったのに対し、一八〇二年と一八〇四年の国民投票は、ナポレオンの肩書きと権限の変更を主たる目的とするものであった。いわば、一八〇二年以降の国民投票は国家元首の信任投票でしかなかったのである。その点で、一七九九年までの国民投票が本来の国民投票（フランス語でレフェランダム）であったとすれば、一八〇二年以降のそれは「悪用」された国民投票（プレビシット）と呼ぶべきものであり、両者の間には大きな「断絶」があったと考えることができる。

現代でも権威主義体制や独裁体制などと呼ばれる国々では、国家元首が国民投票を利用して（時には選挙結果を大きく改ざんして）、国民の圧倒的支持を得ていることを大義名分に支配者としての地位を確固たるものとしているが、ナポレオンはまさにそうした類《たぐい》の政治家の先がけなのである。

一七九九年の国民投票ではおよそ一五〇万票の水増しがなされたが、一八〇二年と一八〇四年の国民投票ではさしたる水増しも必要なく、およそ三六〇〇万の賛成票が投じられた。国民の圧倒的支持を背景に、ナポレオンはブリュメール派の当初の方針に変更を加え、権力の個人化へと舵《かじ》を切っていく。

名士リスト制度

国民投票の結果、一七九九年憲法が承認され、統領政府が正式に成立した。では、ブリュメール派が革命の混乱の元凶とみなしていた選挙制度は、同憲法においてどのように設計され直したのだろうか。

一七九九年憲法に定められたのは、名士リスト制度と呼ばれる、これまでとは全く異なる選挙制度であった。考案者はシィエスであり、法制化に尽力したのはレドレルである。つまり、名士リスト制度はブリュメール派の「創造物」であった。この制度の全体像に関しては、拙著『ブリュメール18日』で詳しく論じているので、ここではとくに重要な点を指摘するにとどめたい。

名士リストの概要は次の通りである（図2）。まず基底部には、使用人や浮浪者を除く二一歳以上の男子に投票権が認められた。有権者の総数は六〇〇万人と想定された。彼らが六〇万人の郡名士を選出し、リストが作成される。ついで郡名士の互選により六万人の県名士を選出し、リストに登録する。最後に、県名士が互選により六〇〇〇人の全国名士を選出・登録する。こうして三種類の名士リストが作成されるが、郡名士リストに登録された者は郡(および市町村)の、県名士リストは県の、全国名士リストは中央の公職候補者となり、統治権力(第一統領、元老院、県知事)によって任命されることができた。

革命期の選挙制度と比べても極めて特異な制度だが、注目すべき点が二つある。第一に、有権者の総数が六〇〇〇万人と想定されていることからもわかるように、革命期に実現した「男子普通選挙」(ただし使用人や浮浪者を除く)が名士リスト制度でも認められた。第二に、しかしながら、市民は公職者を直接選出する権利を失った。これは革命の伝統に反するものであった。また一旦《いったん》、名士リストが作成されると、三年ごとに死亡または不在の登録者の空席を埋めるために投票する以外に、市民が選挙に関わることはできなかった。つまり革命期と比べても、選挙の回数は極端に減少するうえに、たとえ選挙を実施したとしても、公職候補者である「名士」の構成が大きく変化することは起こり得なかった。

世襲と無能を排し「功績の特権」を

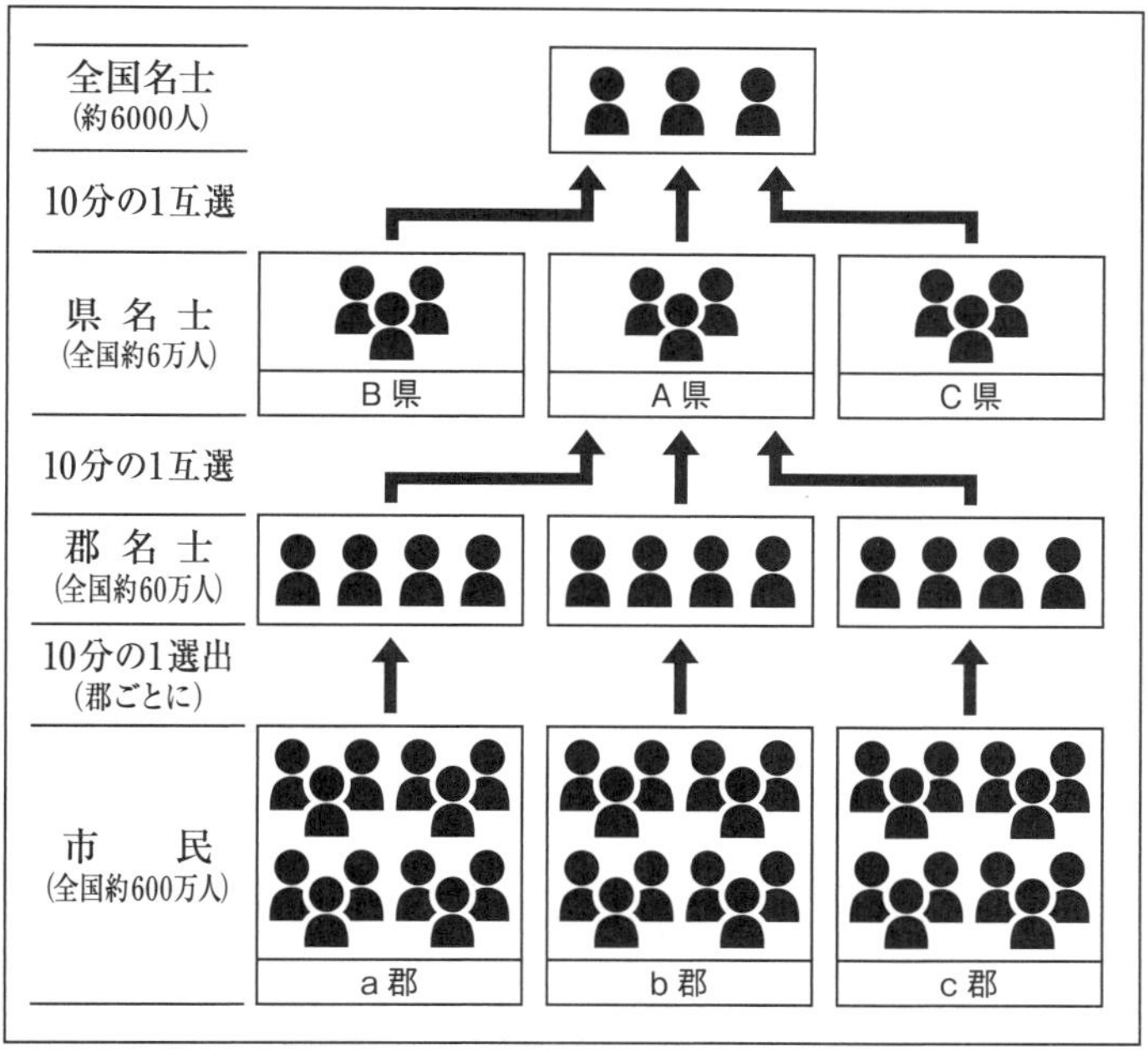

図2　名士リスト制度(A県の場合)

では、どうしてこのような制度が作られたのだろうか。発案者のシィエスの考えはこうである。シィエスにとって、革命の最も重要な成果である市民の政治的平等の原理は決して否定できるものではなかった。しかし、市民が選挙に参加して政治的に大きな影響力を振るうことができるようになれば、総裁政府期にみられた不安定な政権運営が再び生じるに違いない。要するに、共和政を守りたくとも、市民がまだ共和政を支えるには十分に成熟していないと判断したのである。

そこでシィエスは、市民が選挙に参加しながらも、選ばれる者を決定するのではなく、候補者を提案する権利に置き換えることで、この問題を解決できると考えた。ポスト革命期において、いかなる政府も市民の信用なしには統治することなどできない。そうであれば、市民の信用に値する人物の中から統治権力が公職者を任命すれば、何の問題もないはずである。こうした論理に基づいて、シィエスは名士リスト制度を作り出した。まさにそれは、「信任は下から、権力は上から」の原理を制度化したものであった。

名士リスト制度を利用した場合、どのような人物が公職者に任命されるのだろうか。制度の法制化に取り組んだレドレルによれば、三段階の「濾過《ろか》」によって、富と教養を備え、民衆に影響力を持つ人物、すなわち名望家が公職候補者としてリストに登録されることが予想された。国務参事官として議会で法案を正当化したレドレルは、議員に向かって次のように述べている。旧体制期には世襲貴族の特権が存在した。革命はこれを破壊したが、革命期には傲慢《ごうまん》で無知な者、「陰謀」をめぐらす愚か者だけが選挙で勝利して公職にたどり着くことができた。つまりそこには「無能の特権」が存在した。世襲貴族の特権と「無能の特権」の両方を打破し、革命期に実現できなかった「功績の特権」を打ち立てること、これこそが名士リスト制度の目的である、と彼は主張したのである。

ブリュメール派が名士リスト制度によって実現しようとしたのは、第一に、「普通選挙」により民衆を包摂し、世論の広い支持を受けた政権を打ち立てること、第二に、三段階の「濾過」を経て、富と才能ある階層が公職に安定的に供給されることで、強固な統治体制を築くことであった。

個別投票と相対多数の論理

この目的を達成するには、革命期の投票方法にもメスを入れなければならなかった。選挙集会である。革命期の選挙は基本的に、指定の時間にすべての有権者が集まって、皆の前で投票しなければならなかった。そのうえ、投票は絶対多数票を獲得して当選する者が現れるまで最大三回まで繰り返された。この投票方法は、選挙を可能な限り公正に実施し、できるだけ多くの人が納得のいく人物を選出することを目的に採用されていた。

ところが、実際に実施してみると、選挙にはとても時間がかかった。選挙集会に参加するための移動が大変であったし、滞在費もかさんだ。さらに集会では有権者に対して政治グループが圧力をかけるなどの事態もみられた。結果として、選挙から多くの市民の足が遠のき、逆に、「少数派」の政治グループが選挙で過度に影響を与えるといった事態が生じたのである。総裁政府期の選挙戦でみられた政治イデオロギー対立の激しさと投票率の低さは、以上のことから説明できる。

こうした事態を避けるために、レドレルは名士リスト制度において、選挙集会を採用しないことを決定した。その代わりに、投票期間を二週間に延ばし、投票所をできるだけ多く設置して、毎日八時間投票所を開くことで、市民が好きな時間に個別に投票することができるようにしたのだ。また、名士に当選するのに絶対多数票はもはや求められず、相対多数での当選が可能になった。レドレルによれば、この制度を用いれば、市民は移動や滞在の時間も費用も失うことなく、三年間で一五分だけ投票に時間を割けば十分であった。極めて現代的な投票方法である。

ポスト革命期にこのような現代的な投票方法が採用されたのは、第一に、多くの市民に投票させること、第二に、選挙集会での「陰謀家」や「党派」による扇動を避けること、すなわち反体制の抑止の意図があった。それはまさに、総裁政府期の選挙戦が王党・ジャコバン両派の選挙キャンペーンにより政治的に過熱し、選挙結果が大きく左右されたことに対する反省によるものであった。個別投票と相対多数での当選が導入されたことにより、党派による扇動を避け、政治的に穏健な名望家が公職に就くことが期待されたのである。われわれに馴染《なじ》み深い投票方法だが、その導入の背景には、こうした権力の狡知《こうち》が隠されていたことは興味深い。

一八〇一年三月四日、名士リスト制度が法制化されると、名士選挙が行われた。投票率は全国平均で五〇％にのぼり、革命期と比べても高い投票率を記録した。さらにブリュメール派の思惑通り、富と才能ある都市エリート層が上位の名士リストを占める結果となった。したがって、名士リスト制度は当初の目的を果たしたわけだが、実は名士選挙が実施されたのはこの一回のみで、早くも一八〇二年八月四日には、名士リスト制度は廃止されてしまう。というのも、ここにきてナポレオンが名士リスト制度に対する激しい批判を展開し、それを廃止に追い込んだからだ。なぜナポレオンは名士リスト制度を批判したのだろうか。

市民が納得する代表者を

ナポレオンはすでに国務参事院における法案の審議過程で、名士リスト制度に対する不満を述べていた。たとえば、名士リスト制度では郡単位で選挙が行われたが、郡はいくつかの投票管区（五一〜一五〇人の市民で構成）に分かれており、市民は自分の投票管区に所属する市民だけでなく、郡内の他の投票管区に所属する市民にも投票しなければならないとの規定が存在した。この規定は都市エリート層に票が集まるようにレドレルが考え出した独自の仕組みであったが、ナポレオンはこれに難色を示していた。

また、彼は名士が相対多数で選出されることにも反対していた。実際、これらの仕組みは革命期の選挙制度にはみられない全く新しいものであったから、抵抗感があるのも無理はなかった。

ナポレオンは、市民が直接面識のある人物によって代表されること、そして、できるだけ多くの市民が納得する人物が選出されることを望んでいた。しかし名士リスト制度では、有権者に対して自分の投票管区以外の市民への投票も義務付けられたことで、知名度の高い都市エリート層に票が集まることが予想されたし、相対多数で名士が選ばれた場合、過半数の人が認めない人物が選ばれる可能性もあった。その点で、ナポレオンにとって名士リスト制度には、選挙制度として重大な欠陥があるようにみえた。要するに、ナポレオンは多くの市民が正当に代表されていないと不満を覚えることを危惧《きぐ》したのである。

民主主義の観点からみても、ナポレオンの主張には一理あるだろう。だが、法案の作成を主導したレドドレルをはじめ、国務参事官の多数派はナポレオンの意見を無視した。この時期には、国務参事院では比較的自由に議論が行われており、国務参事官が第一統領に対して優位に議論を進める場合があったことを、この事例はよく示している。事実、レドドレルは国務参事官と統領の関係には「討議と決意、議論と決定、論理と意志の間にある類似性」がみられるとして、両者を主従で捉《とら》えていなかった。さらに言えば、論理を以《もっ》て議論を組み立て、法案を作成する主体は国務参事官であり、統領には最後の決定を下す意志しか求められないとさえ考えていたのである。

むろん、安定した統治の実現はナポレオン自身も望んでいたことであったから、名士リスト制度を受け入れる余地は十分にあった。しかしまた、名士リスト制度は理想の選挙制度と言えるものではなかった。まだ権力基盤が整っていない一八〇〇年の時点では、しぶしぶ受け入れたナポレオンであったが、その後、国民の支持を背景に権力を確立していくと、国務参事院との関係も大きく変化していった。

その象徴的な出来事が、一八〇二年夏に起きた国務参事院からのレドドレルの排除である。ブリュメール一八日の立役者の一人で、ナポレオンの有能なブレーンとして活躍していたレドドレルであったが、選挙制度をめぐる議論で顕在化したように、統治方法について、両者の考え方には当初からそれなりに違いがみられた。国務参事院からのレドレル排除は、ナポレオンがブリュメール派の「くびき」から逃れ、より自由に権力を振るう意志の表明だったのである。

一八〇二年八月四日、ナポレオンは名士リスト制度を廃止して、新たな選挙制度を創設する。では、ナポレオンにとって理想の選挙制度とはどのようなものだったのだろうか。

選挙が国家と国民を結び付ける

新たな選挙制度の創設にあたり、ナポレオンは改めて名士リスト制度に対する批判を展開した。ナポレオンはこう述べている。「国民を満足させるには、国民が主権を現実に行使していると感じさせなければならない。議員だけでなく、市町村会議員さえも、国民の参加なく、五〇〇〇人とか五万人とか五〇万人のリストの中から選ばれた時、どうして国民は自らが主権者であると信じるだろうか」。ナポレオンにとって名士リスト制度とは、国民自らが主権者であると感じることのできない、欠陥のある選挙制度であった。

ナポレオンは、行政主体と国民が選挙を介して強く結びつくことで、統治体制の安定が実現できると考えていた。「統治の安定のためには、国民が選挙にもっと関わることが必

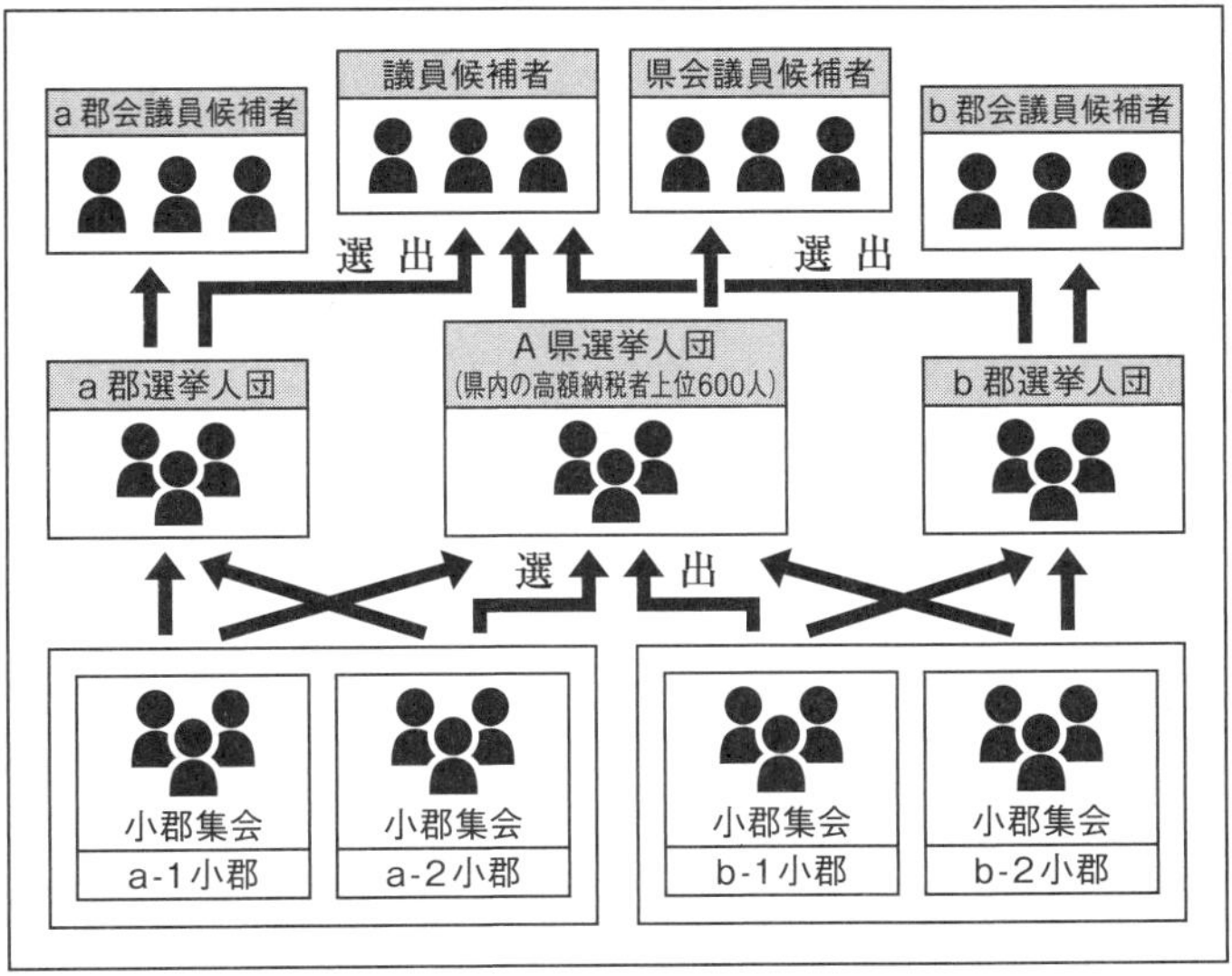

図3　1802年憲法下の選挙制度（A県の場合）

要であるし、国民が現実に代表されなければならないのである。その時にこそ、国民は統治体制を支持するだろう。それなくしては、国民には常に無関心しか残るまい」。したがって、国民との結びつきを強めるような選挙制度が作られなければならなかった。

ナポレオンの肝煎《きもい》りで、一八〇二年憲法（共和暦一〇年憲法）によって新たな選挙制度が設立された（図3）。新制度では、フランスで出生・居住し、二一歳以上で、市民登録簿に記載された男子に選挙権が認められた。彼らが小郡集会（一次選挙集会）で投票し、県選挙人と郡選挙人を選出した。

県選挙人は県選挙人団を構成し、郡選挙人は郡選挙人団を構成した。両者には終身資格が与えられたが、被選挙権において区別がなされた。すなわち、郡選挙人の被選挙権には何ら条件が課されなかったのに対し、県選挙人については、県内の高額納税者上位六〇〇人の中から選ぶことが義務付けられた。さらに第一統領には、県内の高額納税者上位三〇人の中から、県選挙人と郡選挙人を追加任命する権限が認められた。県選挙人と郡選挙人の選出は、この一連の手続に則《のっと》って五年に一度行われた。

こうして選ばれた県選挙人団と郡選挙人団が、投票でそれぞれ推挙する議員候補者を提案し、合わせて県の候補者統合名簿がつくられた。この統合名簿の中から、元老院が護民院と立法院の議員を選抜し、また同僚となる元老院議員の選抜補充を行った。

地方議会議員選挙の再建

新たな選挙制度では県選挙人が高額納税者に絞られたため、金権的な性格が露骨な形で現れている。また名士リスト制度では、第一統領が選挙に介入することはできなかったが、この度、ナポレオンは選挙人団の構成に手を加えることが可能になった。これでは逆に、国民の不満が高まりそうな気もするが、実は新たな選挙制度には、ナポレオンなりの国民に対する「配慮」もみられた。

まず、小郡集会では「男子普通選挙」が維持された。また革命期と同じく、二段階の間接選挙が採用されたが、選挙人団は県選挙人団と郡選挙人団の二つに分けられ、前者は金権的な基準で選抜されたのに対し、後者には何ら条件が課されなかったので、上位高額納税者でなくとも選挙人に選ばれ、議員を選出できる余地が残されていた。

とくに重要なのが、地方議会議員が再び選挙制になったことである。県選挙人団は県会議員の各空席に対して二人の候補者を選出し、ナポレオンに提案した。郡会議員に関しては、郡選挙人団がその役割を担った。さらに人口五〇〇〇人以上の市であれば、小郡集会が小郡の高額納税者上位一〇〇人から市会議員を選出した。確かに、選挙は提案までであって、これまでのように事実上の「任命制」が採用されてはいるが、国民にとって、最も身近な政治家である地方議会議員の選挙に関われるようになったことは、大きな変化であった。

「気軽」に選挙に参加できるように

一方で、新たな選挙制度には、名士リスト制度から引き継がれた仕組みもあった。個別投票である。小郡集会は革命期の一次選挙集会に相当するものであったが、もはやすべての有権者が小郡庁所在地に集まって一斉に投票することは考えられなかった。

小郡集会はいくつかの地区（地区ごとに有権者一五〇～四〇〇人程度）に区分された。有権者は各地区に設置された投票所で投票し、小郡ごとに集計された。有権者に投票を促すべく、投票所へ赴くのに時間と労力がかからないように「配慮」をみせたのである。これは名士リスト制度から転用された方法であった。すなわち、ナポレオンは名士リスト制度から、できるだけ多くの市民を選挙に参加させる方法を学び取ったと言える。

各地区の投票所は、投票開始から六時間で四分の三以上、九時間で半数以上の有権者が投票を済ませていれば、閉会して、開票に取り掛かることができた。また、投票開始から三六時間が経つと、投票者数の如何《いかん》にかかわらず開票された。

当選するには絶対多数票を獲得しなければならず、二回目までの投票で絶対多数票を獲得した者がいなければ、上位二名の候補者間で決選投票が行われた。ナポレオンが名士リスト制度批判において、絶対多数票の獲得を当選の条件として主張していたことが思い出される。もともと、革命期の選挙集会では絶対多数を採用したことで、選挙結果が出るまで相当な時間がかかった。そのため、市民は「気軽」に選挙に参加することができなかった。これに対し、新たな選挙制度では、個別投票と近場の投票所の設置によって選挙に参加する労力がかなり軽減されたので、絶対多数の採用が改めて可能になったのである。

ナポレオンは、できるだけ多くの市民が選挙に参加し、納得のいく人物が選出されることを望んでいた。とはいえ、五年に一度、フランス全国で一斉に有権者が投票し始めると、仮にその時、反体制運動が高まりをみせた場合に、選挙運動は一気に全国規模の蜂起《ほうき》に転化してしまう恐れがあった。そこで新たな選挙制度では、そうした事態を予防する仕組みもまた考え出されている。フランスのすべての県は、隣接しない諸県を組み合わせて五つのグループに分けられ、毎年、五つのグループのうちのいずれかのグループにおいてのみ、選挙が実施された。すると、立法院議員の五分の一は毎年入れ替えられることになる。各グループは抽選によって、第四グループ、第三グループ、第五グループ、第二グループ、第一グループの順番で選挙が行われることになった。これにより、選挙運動が全国規模の反体制運動に転化するのを未然に防ぐことができたのである。

できるだけ多くの市民が選挙に参加できるように工夫しつつ、しかし再び革命が起きないような制度設計がなされたことになる。ナポレオンの選挙制度は、まさにポスト革命期にふさわしい選挙制度であった。

農村部での激しい選挙戦

ナポレオン時代には、どのくらいの市民が選挙に参加したのだろうか。マルコム・クルックらの共同研究によれば、投票率にはフランス全国で地域差がみられた。たとえば、フランス北東部のオ＝ラン県やモーゼル県、南西部のランド県、中部のオート＝ヴィエンヌ県では、小郡集会の投票率は四〇％以上にのぼった。小郡集会では「男子普通選挙」が行われていたから、革命期と比べても非常に高い数字である。

しかし逆に、ヴァール県やピレネー＝ゾリエンタル県では投票率は二〇％程度にとどまり、かつて内乱の地であったフランス西部のヴァンデ県やモルビアン県では一五％程度となっている。フランス西部では、帝政期に反革命運動は沈静化していたが、住民の中にはブルボン王政の復活を望む者が多く、ナポレオンの人気のなさが投票率に表れていた。

このようにフランス全国で投票率には地域差がみられたが、一般的な傾向として、都市部よりも農村部で高い投票率が確認される。たとえば、ディール県知事は、「都市部よりも農村部で、小郡集会に多くの人が参加していることは驚くべき事態である」との感想を漏らしたし、トラジメーヌ県知事はより分析的に、農村部での高い投票率の理由として、都市部よりも農村部の方が、名望家が有権者を動員するのが容易である点を主張した。ここではそのような事例として、ピレネー山脈の片田舎、オート＝ピレネー県のアルジュレス小郡とアロー小郡での選挙の様子をみてみよう。

一八一一年の立法院議員選挙に向けて、県選挙人団と郡選挙人団の空席を補充するために小郡集会が召集された。アルジュレス小郡のヴィルロング地区では、九月一六日に一回目の投票が行われ、一〇三人の投票者を数えた。同地区の有権者は一一〇人と推定されるので、ほぼすべての有権者が投票したことになる。アルジュレス小郡の各地区の投票が集計された結果、一回目の投票では絶対多数票を獲得した候補者がおらず、一九日に二回目の投票が行われた。その際も、ヴィルロング地区では八五人の投票者（投票率七七・三％）が数えられた。

残存しているヴィルロング地区の投票者名簿をみてみると、民衆層の中でも下層に位置する日雇い労働者さえもが選挙に参加していたことがわかる。そのうえ投票者名簿には、自ら署名できない投票者のために代筆した係員の名前が記載されていたが、一〇三人の投票者のうち自ら署名できたのはわずか三〇人にすぎなかった。したがって、約七割の投票者は文字が書けなかったことになるが、この数字は当時のピレネー地方における識字率をよく反映したものである。選挙権を有する民衆層、とりわけ自ら署名できない人々が多数小郡集会に出席し、投票していたのである。

逆に、アロー小郡の各地区では、投票者がなかなか定足数に達しなかった。サランコラン地区では、一回目の投票では、初日（九月一五日）に定足数に届かず、一九日になってようやく有権者の半数以上が投票した。アルシザン地区では、定足数に達することなく時間切れとなり、それまでに投じられた票が集計された。もっとも、アロー小郡集会では、郡選挙人などの候補者への投票は割れて、三回目の投票までもつれている。そのうえ、アルシザン地区では、二回目の投票では四分の三以上の有権者（二八六人）を集め、三回目には四〇三人もの人数を記録した。ところで、もし二八六人の有権者を四分の三と仮定した場合、計算上、四〇三人という数字は市民登録簿に記載された有権者の数を上回ることになる。この点について、実は議事録も懐疑的で、「登録簿への記載はおそらく四〇三で止められた」と述べている。

アロー小郡全体でも、投票の回を追うごとに選挙活動は活発になった。一回目（九月二五日）の投票では、各地区の投票者数の総計は一〇八五人であったが、二回目（二八日）には一三八〇人、三回目（三〇日）には一五三九人を数えた。アロー小郡の人口はおよそ六六〇〇人なので、三回目の投票では小郡人口の約二三％、そこから推計するに有権者の九割以上が投票に参加したことになる。候補者が絞られるにつれて、名望家の選挙運動は過熱し、多くの民衆が動員されて選挙戦が戦われたのである。

「喜劇」で片づけられない投票率

このように、地域によっては小郡集会での投票率は非常に高い数字を記録したが、フランス全国では二〇〜四〇％が一般的であった。現代からみれば、投票率はさほど高くないようにみえるかもしれないが、一七九二年に初めて「男子普通選挙」が行われた際の一次選挙集会でも、投票率は一五％程度であったし、総裁政府末期にはせいぜい一〇％程度にすぎなかったことを考えれば、できるだけ多くの市民に投票させようとするナポレオンの意図は、それなりに成功したと言えよう。

ちなみに、県選挙人団と郡選挙人団では、有権者の投票率は平均して六〇％を超え、中には八〇％に達する県もみられた。また、時期による変化もほとんどなく、有権者の三分の二以上が選挙人団に出席し続けた。ただし、革命期の二次選挙集会でも投票率はしばしば八〇%を超えていたことを考えると、選挙人団における投票率の高さはナポレオン時代に限った特徴ではない。自身も被選挙人である選挙人たちの間で、激しいポスト争いが繰り広げられていたのである。

ナポレオン時代の選挙制度には、事実上の「任命制」が採用されていた。それにもかかわらず、多くの市民が選挙に参加し、時には熱い選挙戦が繰り広げられた。歴史家の中には、ナポレオン時代の選挙を「喜劇」と呼ぶ者もいるが、そのような言葉では片づけられないほどに、多くの市民は積極的に選挙に参加し、一票を投じていたのである。そして、それはナポレオン自身が強く望んでいたことでもあった。

市町村長の直接選挙は歴史上この時だけだった

一八一三年一〇月、ナポレオンはライプツィヒの戦いで同盟軍に敗北し、ドイツの支配権を失った。同盟軍はフランス国内に侵攻すると、一八一四年三月三一日にパリを占領する。将軍たちから説得され、ようやく四月四日になって、ナポレオンは退位文書に署名した。

退位後、ナポレオンは地中海に浮かぶエルバ島の公国領主として隠退生活を送っていたが、フランス国内でブルボン復古王政に対して国民の不満が高まっていることを知ると、一八一五年二月二六日、密《ひそ》かにエルバ島を脱出する。そして、カンヌに上陸してから一発の銃声も発することなくパリまで進軍し、皇帝に復位した。ナポレオンの二度目の皇帝位はだいたい一〇〇日間続いたことから、この時期はフランス語では「百日」、日本語では「百日天下」と呼ばれている。

国民の圧倒的な支持を再び手に入れようと、ナポレオンはかつて自身の専制支配を批判したことのある自由主義者のバンジャマン・コンスタンを登用し、帝国憲法付加条項を制定した。付加条項は、二一歳以上のフランス人男子による国民投票にかけられ、六月一日に承認される。しかし、賛成票はおよそ一五〇万票にとどまり、終身統領政（一八〇二年）と世襲帝政（一八〇四年）の設立において、国民投票で集められた三六〇万票には遠く及ばなかった。同盟軍の侵攻で被害を受けたフランス北東部では高い投票率がみられたが、王党派の影響力が強く、住民の多くがブルボン王政を支持するフランス西部と南東部では、投票率が二桁《けた》に届かない場合もみられた。

とはいえ、有権者の五分の一以上は改めてナポレオンを支持したのであり、ブリュメール一八日のクーデタ直後（賛成票一五〇万票）の状況に戻ったと考えることもできる。帝国憲法付加条項に関する国民投票の結果はナポレオンにとってひどいものであったとよく言われるが、革命期の国民投票と比べても、賛成票が圧倒的に少なかったわけではなかったのだ。

帝国憲法付加条項では、政府勅任の終身身分議員で構成される貴族院と、選挙で選ばれる代議院の二院制が採用された。選挙制度に関して言えば、これまでと同じく、小郡集会と県・郡選挙人団が維持されたが、小郡集会は県選挙人団と郡選挙人団の空席を補充するために、毎年、開催されることが決められた。

それまで小郡集会は五年に一度しか開催されていなかったから、ナポレオンは小郡集会の地位を高めたことになる。ただし、すぐに議員を選出しなければならないとの理由から、この年には開催されず、すでに存在した県選挙人団と郡選挙人団が集められて議員選挙が行われた。

一方で、百日天下において、ナポレオンは当時としては驚くべき選挙制度を創設している。人口五〇〇〇人未満の町村における町村長と助役の直接選挙である。一八一五年四月三〇日、フランス全土の町村で実施されたこの選挙は、まさに一七八九年の精神に訴えかけるものだった。しかも、革命の最初期の市町村選挙では、能動市民のみが投票できたのに対し、この度は「男子普通選挙」が採用されていたことから、フランスがそれまで経験してきた選挙の中でも最も民主的な選挙であった。事実、百日天下の後、現在までフランスでは、市町村長が直接普通選挙で選出されたことはなく（基本的に市町村長は市町村会の互選で選ばれている）、まさに歴史上の画期と言える。

四〇〇万人の「無用なセレモニー」

一八一五年六月、ワーテルローの戦いでイギリス・プロイセン連合軍に敗れたナポレオンは二度目の退位に追い込まれ、ナポレオン体制は崩壊した。その後、ブルボン王政が復活すると、ナポレオンの選挙制度は大きく見直されることになる。代議院議員の選挙では直接選挙が導入された一方、有権者には厳しい納税額の制限が課された。

ナポレオン時代の選挙制度を念頭に、バンジャマン・コンスタンは次のように述べている。「四〇〇万人の有権者が選挙に参加したとしても、それが間接的で、無気力かつ幻想的で、常に無用なセレモニーでしかないならば何の意味もない。そんなものよりも、議員選挙において、一〇万人の有権者に直接的で、活発かつ現実の参加を認める方がよっぽど良い」。こうして代議院議員の直接選挙では、ごく少数の富裕な市民にのみ選挙権が認められることになった。

しかし、反対に地方レヴェルでは、すべての選挙制度が完全な任命制によって塗り替えられた。小郡集会はもはや召集されなかった。市町村長と助役の選挙だけでなく、地方議会議員の選挙も廃止されたのである。この事実は、復古王政の「反動的」な側面を際立たせるが、逆にそれが、地方レヴェルの選挙を重視したナポレオンの選挙戦略の特徴を浮かび上がらせてもいる。ナポレオンにとって、地方住民が最も身近な政治家（地方議会議員や市町村長）によって代表されていると感じることが重要であった。実は、こうした地方住民への「配慮」は、彼の地方統治の特徴をなしており、この点を明らかにするのが次章の課題となる。

ナポレオン時代の選挙の意義

ナポレオンは国民主権の原理に基づく近代国家の元首であった。憲法が度々国民投票にかけられて承認されたことが、その事実を如実に示している。また、ナポレオンは選挙制度を必ずしも嫌ってはいなかったし、軽視していたわけでもなかった。むしろある面では、その意義を誰よりもよく理解していた。

しかし、革命期の選挙制度をそのままの形で用いれば、フランス全国で再び混乱が生じることが容易に予想された。そこで、ブリュメール一八日のクーデタで新体制が誕生すると、ブリュメール派は選挙制と任命制を組み合わせた名士リスト制度を考案し、この問題に対処しようとした。事実上の任命制の再導入だが、革命の最たる成果である国民主権を否定するわけにもいかない中での苦肉の策であった。

名士リスト制度は選挙のあり方にも大きな変化をもたらした。混乱の原因とみなされた選挙集会が廃止され、個別投票が採用されて多数の投票所が開設された。これらの改革のおかげで、市民が「気軽」に選挙に参加できるようになった。

しかしながら、ナポレオンにとって、名士リスト制度は理想の選挙制度にはほど遠いものであった。あまりにも都市エリート層を優遇していたし、市民が政治家に代表されていると感じにくかった。当初、ブリュメール派によって丸め込まれたナポレオンであったが、その後、権力を盤石なものにすると、自ら選挙制度改革に乗り出していく。

小郡集会と県・郡選挙人団が設立され、革命の伝統である二段階の間接選挙が再建された。小郡集会では「男子普通選挙」が認められたので、この点でも、革命の成果が保持された。加えて、個別投票が引き続き採用されたことで、多くの市民が選挙に参加できる環境が整った。県選挙人団と郡選挙人団は議員の候補者しか提案できなかったので、事実上の任命制が維持されたことは間違いないが、多くの市民が選挙に参加できるように入念な制度設計がなされたのである。

その結果、ナポレオン時代の選挙では、小郡集会で投票率は二〇〜四〇%程度と、当時としては比較的高い数字がみられた。確かに、有権者が直接選出できたのは県選挙人や郡選挙人に限られていたが、それでも市民たちは積極的に投票に訪れたのである。とりわけ、名望家の動員力がものをいう農村部では、村人のほとんどが投票所に駆けつける場合もみられた。また、県選挙人団と郡選挙人団でも、投票率は常に六〇%を超えていた。こうした事実からも、ナポレオン時代の選挙は「喜劇」という言葉で片づけられるものではなかった。

そのうえ、百日天下における町村長の直接普通選挙の導入は、フランス史上の画期として刻まれることになる。ナポレオン時代の選挙制度は、現代からみれば決して民主主義的とは言えない要素が散見されるとしても、当時の人々にとってみれば、革命によって開始された選挙の実践に慣れ親しむという点では、やはり重要な経験となったのである。

選挙は目的か、手段か

最後に、ナポレオン時代の選挙制度の合言葉でもあった、市民が「気軽」に選挙に参加できるように、という点について一言述べておきたい。フランス革命史家の山崎耕一《やまざきこういち》によれば、共和政には「古典的共和政」と「近代的共和政」があるという。古典的共和政では、直接民主政が理想とされ、国民には自らの職業や私用よりも政治的決定への参加を優先することが求められた。それに対し、近代的共和政では、国民には各々の職業に専念することが認められ、政治は国民の代表者に委《ゆだ》ねられる。以上の区別を踏まえ、山崎は革命期には古典的共和政が優位であったが、一七九九年憲法により近代的共和政への転換が生じたと主張している。

この政治観の変化は、革命期からナポレオン時代にかけての選挙制度にもはっきりと現れている。革命期の選挙制度では選挙集会や複数回の投票が採用されており、選挙は市民が「気軽」に参加できるものでは決してなかった。「気軽」に参加できること自体がそもそも重視されてはいなかった。選挙とは、時間や費用をかけてでも、自らの職業を犠牲にしてでも、市民が共に良き政治を実現するために参加すべきものであったのだ。

逆に、ナポレオン時代になると、そうした自己犠牲を払ってまで政治活動に取り組むことは、市民に求められなくなった。市民は「気軽」に選挙に出かけ、投票することで、誰かに代表されていると感じてくれさえすればそれで良かった。選挙制度の設計において、市民が自ら良き政治を実現するというよりも、市民が投票するという事実そのものが目標となったのである。

近代社会における市民の願望を読み取り、選挙と市民の関係に冷徹な視線を向け、選挙を統治の手段として理解したナポレオンは、まさにリアリスティックな近代政治家そのものであったと言えよう。

第三章　「調整型」の政治戦略

徹底して情報収集したナポレオン

ポスト革命期のフランスを統治するために、ナポレオンがまず取り組まなければならなかったのは、各地で生じた政治的分裂を解消し、国民に国家権力を認めさせて、国内平和を再建することであった。その目的で考案されたのが任命制に基づく地方行政制度である。

共和暦八年プリュヴィオーズ二八日法（一八〇〇年二月一七日）によって、県、郡、市町村が地方行政の枠組みとして採用され、県知事、郡長、市町村長が置かれた。県知事と郡長は第一統領（ナポレオン）によって任命された。市町村長の場合は、人口五〇〇〇人以上の市では、第一統領が県知事の提案に基づいて任命し、人口五〇〇〇人未満の町村では、県知事が任命した。中でも県知事は大きな権限を持ち、郡長と市町村長を率いて地方統治の任にあたったので、歴史家によって「小型の皇帝」と評されることもある。

しかし、ナポレオンが勅任の県知事を介して、強引に地方政治を行っていたかといえば、必ずしもそうではない。逆に、ナポレオンは地方の世論に敏感で、地方住民の声に絶えず耳を傾ける政治家であった。

ここで注目したいのが、ナポレオン時代に行政官らが担った大規模な情報収集の業務である。革命期からナポレオン時代にかけての地方行政文書に目を通してみると、ナポレオ

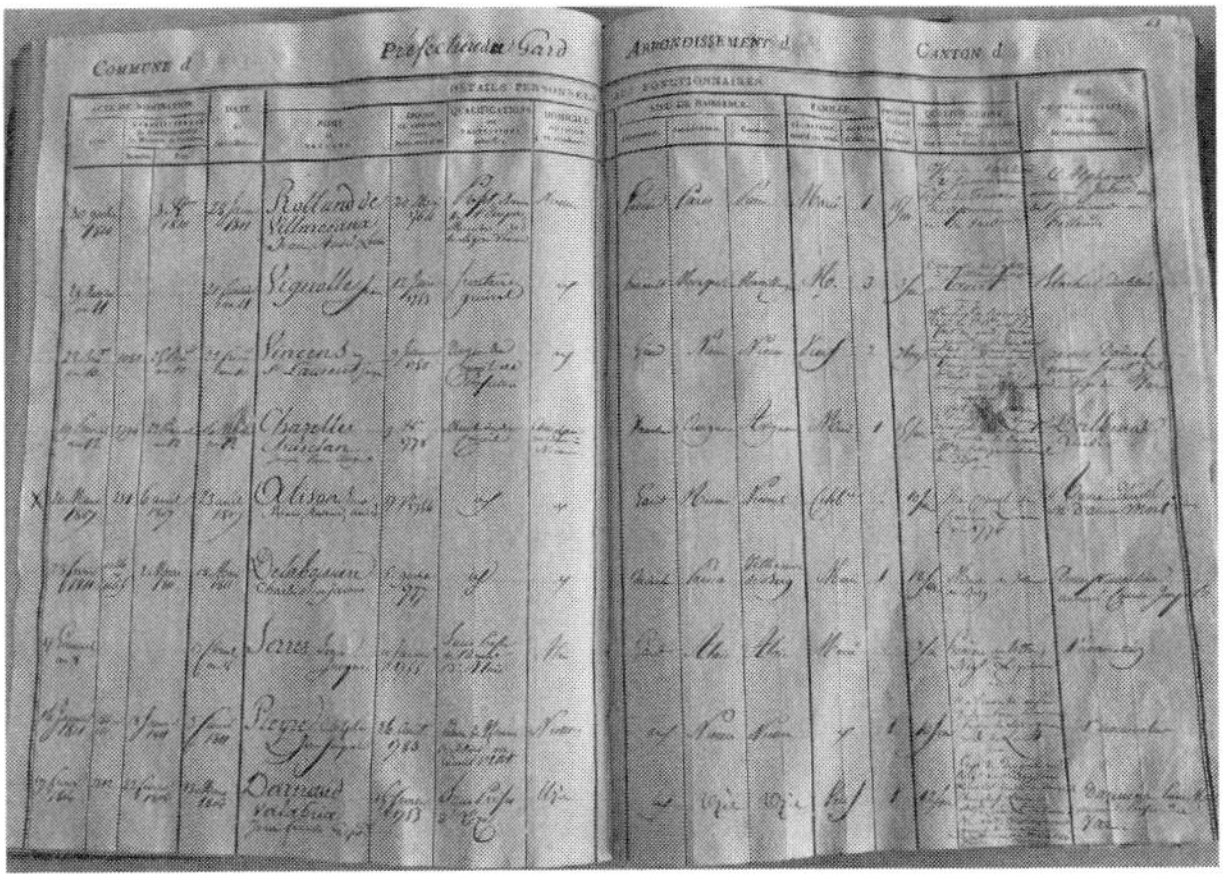

図４　帝政期に作成されたガール県の公職者一覧表

ン時代になってから突如として、元老院などの議員、地方行政官（県知事、郡長、市町村長）、地方議会議員（県会議員、郡会議員、市町村会議員）、及びそれらすべての候補者に加えて、県選挙人と郡選挙人、さらには県内の名望家の子息などの多岐にわたる一覧表が作成され始めたことに気づかされる（図４）。革命期には、このような縦横の直線で仕切られた表形式の文書はほとんどみられなかったから、ナポレオン時代を境に、大きな変化が生まれたことになる。

　公職者の任命制の導入がこの変化をもたらしたことは明らかだ。革命期には、ほとんどすべての公職者が選挙で選ばれていたので、行政当局も選挙で誰が当選したかを記録しておけば十分であった。しかし、ナポレオン時代になると、第一統領や県知事は、選挙で選ばれた候補者や行政官が提案した候補者の中から公職者を任命しなければならなかったので、公職候補者の詳細な情報が必要になったのである。ナポレオンの情報収集の熱量は凄《すさ》まじく、現職の公職者や正式な公職候補者だけでなく、将来的に候補者になる可能性のある選挙人や、県内の名望家の子息などの情報も徹底的に集められた。

公職候補者の一覧表には、非常に細かい情報が記載された。共通する項目だけでも、名前、現職、年齢、出身地、居住地、結婚の有無、子どもの数、財産、年収、旧体制期と革命期に就任していた公職、政治的意見や地元での影響力などの所見が挙げられる。現代からみれば、公職候補者の結婚の有無や子どもの数を知ったところで一体何になるのかと不思議に思うかもしれないが、家族制度が社会の基盤をなした当時においては、結婚し、子どもを持つ一家の主人であることが、社会で影響力を振るう公職者に求められる資質の一つとみなされていた。

ナポレオンはこれらの情報をすべて吟味したうえで公職者を任命した。確かに、政治的意見も記載されはしたが、多数ある項目の一つにすぎなかった。実際のところ、新体制を受け入れてさえいればほとんど問題にはならなかったのである。この点は、ナポレオン体制の崩壊時に、多くの地方行政官が真っ先にブルボン王政の復活に支持を表明したことからも明らかだ。ナポレオンは自身の賛美者を優先的に登用していたわけではなかった。彼は県知事らを介して、将来の公職者に関して、可能な限り多くの情報を収集しようとした。そして、地方の情勢や全体のバランスを考えながら、「適切」な人物を公職者に任命しようと努めた。それゆえ、ナポレオンの情報収集は公職候補者に限らず、地域社会の現状をすべて含み込むものであった。

では、ナポレオンはどのようにしてこれらの情報を集めることができたのだろうか。また、収集した情報を基に、どのような人物が公職者として「適切」であると判断されたのだろうか。ナポレオンは情報ネットワークを利用して、どれだけ地方住民の要望に応《こた》えることができたのか。

本章では、ナポレオンの地方統治における情報収集の重要性に注目し、情報を駆使した彼の巧みな政治戦略の一端を明らかにしたい。

住民との協調が最優先

候補者に関する大規模な調査は、一八〇〇年に行われた最初の県知事の任命から開始される。それを主導したのは内務大臣のリュシアン・ボナパルトだ。彼は、各県の政府委員や極秘に派遣された諜報員《ちょうほういん》らを介して集めた情報と、パリに滞在する地方出身の議員らが提供した情報を照らし合わせながら、候補者の一覧表を作成した。

この一覧表には、内務大臣の他に、統領のカンバセレスとルブラン、外務大臣のタレーランとクラルク将軍が独自に提案した候補者が加えられた。各候補者には彼らの所見が記され、最後の欄は、第一統領の最終的な判断が記載されるために空白とされた。

ナポレオンは基本的に、内務大臣が提案した候補者の中から県知事を任命した（九七人中六五人）。県知事の多くは働き盛りの三〇代から四〇代で、政治や行政の経験者から選ばれた。一方で、県知事が自身の出身県に配置されることはほとんどなかった。これは、中央政府の代理人である県知事が、県の利害に絡めとられてしまうことを防ぐ目的からだ。しかし、全く土地勘がない人物を配置しても効果的な統治は期待できないので、県知事は出身県からほどよく近い距離の地域に派遣された。

とはいえ、実際のところ、県知事の任命には、明確な規則性はほとんどみられなかった。逆説的だが、実はこのこと自体、集められた情報を精査し、各地域の多様な状況を睨《にら》みながら、「適切」な人物を選ぼうとするナポレオンの意図をよく示している。そして、結論を先取りすれば、ナポレオンが「適切」だと判断する最優先の基準は、地方住民と協調関係を築けるかどうかに他ならなかった。この点を、県知事の評価書からみていこう。

一七項目の六段階評価

最初の県知事が任命されると、一八〇一年から、県知事の活動実績を評価するために、国務参事官が諸県に派遣された。その中には、フランスに併合されたばかりの合同諸県も含まれていた。

国務参事官は県知事の評価書を作成し、それらを取りまとめて政府に報告した。一八〇一年から一八〇九年にかけて、全国の県知事を対象にした五つの評価書が作成されている。評価書にはアルファベット順で県の名前が記載され、その横の欄に県知事の名前と活動実績に関する所見が記された。評価項目としては、県知事の思慮深さ、教養、社会的地位、行政の能力などが挙げられるが、中でも政府が注目したのは県知事と地方住民の関係性である。以下では、県知事の評価書を分析したピエール・カリラ＝コアンの最新研究を参考にしながら、ナポレオンにとっての理想の県知事像を明らかにしてみたい。

評価書では、県知事が地方住民から好かれているかどうかが重視された。たとえば、一八〇六年にディール県知事のムシャール・ド・シャバンは、「賢明、公正、謙虚である。彼は県の住民から好かれ、尊敬されている」と肯定的に評価された。

逆に、地方住民との良好な関係を築くのに失敗した県知事には、厳しい評価が下された。一八〇九年の評価書において、オート゠ガロンヌ県知事のデムソーは、「経験豊富で教養があり、熱意もあるが、当局にとって有用な関係を住民と保つには、あまりにも怒りっぽい性格である」として批判された。一八〇一年には、ブーシュ゠デュ゠ローヌ県知事のドラクロワもまた、「権威主義的で融通のきかない行政」を行っているとして強く非難されている。ナポレオン体制は「権威主義的」であったとよく言われるが、県知事が地方住民に対して「権威主義的」に振る舞うことはむしろご法度だったのである。

一八〇六年に作成された一覧表では、県知事の能力が一七項目において数字で評価された。各項目がマイナス三からプラス三までの六段階で評価され、マイナス評価は赤色で、プラス評価は黒色で記載される。一七項目は次の通りだ。A：職務上の義務への献身、B：私生活の品位、C：県内で住民から好かれているか、D：住民からの尊敬、E：思慮深さ、F：性格、G：無私無欲、H：礼儀と愛想の良さ、I：体裁、J：公平な態度、K：能力、L：知識、M：仕事の勤勉さ、N：報告の正確さ、O：上級当局との関係、

P：改善への熱意、Q：県内での法律の執行である。

一覧表では各項目で評点が付けられたが、総合点や平均点は出されなかった。つまり、この評価書は県知事の順位付けを目的としたものではなかった。それ以上に、県知事それぞれの強みと弱みを把握し、諸県の状況に適《かな》った配置がなされているかを確認して、必要ならば、配置換えを検討するための材料として用いられたのである。

一覧表の評価項目をみてみると、職務上の専門能力（KからQの七項目）よりも、県知事の品位や性格、住民との関係といった人格的な側面（BからJの九項目）の方が数としては多い。品位を備えた県知事が、県内で住民から愛され、尊敬されることが、何よりも重視されていたことがわかる。

評価書の項目に徴兵はない

ところで、国務参事官が作成した県知事の評価書には、当時、県知事の最も重要な業務であった徴兵に関する項目が存在しなかったことは興味深い。むろん、徴兵が県知事の評価対象に含まれていなかったかといえば、そうではない。事実、ナポレオンは警察大臣のフーシェに対して、「県知事を評価するのは徴兵の結果による」ことを県知事に何度も伝えるように命じていた。

警察大臣のフーシェは、主要都市に設置された警察委員や秘密警察を介して、県知事の活動を監視していた。それゆえ、県知事と警察の関係は非常に悪かった。また、フーシェの情報収集能力の高さは、ナポレオンにフーシェの権力の強大化を危惧《きぐ》させるものでさえあった。県知事に対するフーシェの監視は厳しく、「県知事行政の最も満足のいく分野は、県知事が警察大臣と連絡を取る分野、すなわち、公共秩序、徴兵、治安です。なぜなら、警察大臣はこれらの分野について、県知事に休息を与えないからです。その結果、これまで県知事の義務は果たされてきたのです」と、ナポレオンに対して自画自賛している。

ただし、県知事に対して何度も圧力をかけたフーシェであったが、県知事が徴兵の成果だけを求めて、地方住民に対して強硬手段ばかりをとることには批判的であった。一八〇八年三月、前年に県内で多くの脱走兵がみられたオート゠ピレネー県、ロット県、ロット゠エ゠ガロンヌ県の県知事に対して、フーシェは次のような通達を送付している。

徴兵法が国家の利益にとって重要であり、徴兵適齢者の家族に対して厳しいものであればあるほど、あなた方はいっそう細心の注意を払い、慎重に同法を執行しなければばなりません。もし家族の父親が息子を奪う憲兵や租税支払いを要求する収税吏を通じてしか行政を知らないならば、どうして彼らが祖国を愛し、その成功に関心を持つことができるでしょうか。また、どうして父親が子どもに対して、政府に奉仕することに希望を抱かせることができるでしょうか。

フーシェは県知事が強硬手段ばかりに頼る姿勢を戒めて、むしろ住民には名誉や昇進を提示することで、徴兵に対する支持を取り付けるよう命じた。徴兵の成果だけを追求して、体制から民心が離れてしまうことは避けなければならなかったのである。

以上のように、国務参事官が作成した評価書や警察大臣の発言などを併せて考慮すれば、ナポレオンにとって模範的な県知事とは、地方住民との良好な関係を築き、住民から愛され、尊敬されることで、時に住民に不利益をもたらす国家の政策であってもその必要性を住民に説得し、受け入れさせることのできる人物であったと言えよう。

舞踏会は政治の場だった

県知事は地方住民との良好な関係を築くためにも、彼らを魅了しなければならなかった。

その際に重要性を増したのが、県知事と地方住民の「私的」な交流だ。それゆえ、時に政府は県知事の私生活まで詳しく知ろうとした。

たとえば、一八一二年に内務大臣のモンタリヴェは内務省への通達で、諸県の県知事に関して、「着任以前と以後の県知事個人の財産と夫人の財産、夫人の年齢、夫人の長所と夫に対する影響力、家事の指導力、軽薄さ、慈善活動、夫妻の実家のかつての社会的地位、日常的な人付き合いと生活様式、ワイン、狩猟、女性、田舎の別荘に対する県知事の嗜好《しこう》、県知事と夫人の個人的な思想、文芸協会や農業協会への加入の有無」などといった、ほとんどが私的な領域に属する、非常に詳細な情報を調査するように求めている。それほどまでに県知事の私生活が、地方住民との良好な関係の構築において重要であったということである。

では、県知事はどのようにして地方住民の心を捉《とら》えようとしたのだろうか。すべての住民と交流することは不可能であったから、県知事は民衆に影響力を持つ名望家との関係の構築に精を出した。その一環が県庁で催された宴会や舞踏会である。県の予算は不足していたので、県知事は個人の財産を投じ、調度品や装飾品を購入して会場を豪華に装い、宴会や舞踏会に名望家を招待して、彼らと積極的に交流した。

実は、帝政期には次第に富裕な旧貴族層から県知事が採用されるようになるのだが、その理由の一つはここにある。旧貴族層は革命期に財産没収の憂き目にあっていたが、ナポレオン時代には、払い下げられた国有財産の購入や買い戻しによって、土地財産の基本部分を取り戻していた。したがって、旧貴族層は個人の財産を投入して宴会や舞踏会を企画することができたし、旧体制期の社交界のこともよく知っていたから、県知事の「私的」な仕事を担うのにうってつけの人物であった。

政府は県知事の創設以来、彼らに対して、県庁で宴会や舞踏会を催すように何度も奨励した。その際に、とくに協力が求められたのが県知事夫人だ。県知事夫人には、時に何百、何千人もの人々が集まる舞踏会の準備をして、名望家やその奥方を歓待する役割が期待されていた。内務大臣のモンタリヴェが県知事夫人に関する情報を調査していたのには、こうした背景があったのである。

「一滴の血も、一滴の涙も」

ことにポスト革命期には、舞踏会は重要な政治的意味を持った。革命期に深刻な政治的分裂を経験した地方社会において、異なる政治的意見を持つ人々が一堂に会する社交の場を再開し、住民間の政治的緊張を和らげる必要があったのである。加えて、県知事は舞踏会の企画により、ナポレオン体制の「政治的中立性」を住民にアピールすることができた。ナポレオン体制が住民に受け入れられるかどうかは、県知事夫人の肩にかかっていたと言っても過言ではない。

事実、何人かの県知事は回想録の中で、舞踏会を主催した夫人の活躍を手放しで誉めている。たとえば、ボルドーとマルセイユで県知事を務めたことのあるティボドーは、夫人が舞踏会を主催したおかげで、「すでに取り組み始めていた諸党派の和解と社会の団結を達成した」と称賛している。また、一八〇八年から一八一三年にかけて夫がディール県知事を務めたラ・トゥール・デュ・パン夫人は自身の回想録の中で、ブリュッセルの県庁で開かれた舞踏会が成功したことを誇らしげに語っている。

ナポレオン時代には、全国の県庁で何度も舞踏会が催された。たとえば、ジュラ県知事のポンセは、第一統領の軍事的勝利を祝して舞踏会を企画している。舞踏会が終わると、彼は自宅に一〇〇人ほど客人を招いてディナーをふるまった。ジュラ県知事にとってそれは、住民のことをよく知り、政治的にも宗教的にも分裂した住民を和解させるための貴重な機会であった。

フランス人によって征服された合同諸県では、舞踏会はさらに重要性を増すことになった。ピエモンテのドワール県知事に着任したフランシ伯は、一八〇五年に受け取ったナポレオンからの通達を次のように要約している。

私は皇帝陛下が用いた「礼儀作法（des bonnes manières）」という言葉を、優雅に客をもてなし、パーティーやディナーを開き、腕の立つ料理人を雇うことを意味するものと考えました。満足した客はほとんどいつも良い友人になりますから。私の義理の父も、パーティーやディナーは、あまりにも分裂してしまった社会において、人々を集め、楽しませるのに役に立つと教えてくれました。〔中略〕この方法（système）を実践したことで、私が県知事に着任して以来、ピエモンテでは一滴の血も、一滴の涙も流れることはありませんでした。

ドワール県知事は、フランス人に対する反乱が拡大しつつあったピエモンテにおいて、この模範的な「方法」を近隣諸県の県知事たちに示すことができた。

革命によって生じた政治的分裂が未《いま》だ癒《い》えないポスト革命期の地方社会において、すべての住民に新体制を受け入れさせるためには、「非政治的」な娯楽を利用することが不可欠であった。県知事夫妻は舞踏会や宴会を催して、住民間の政治的緊張を和らげ、住民との良好な関係を築くことで、安定した統治を実現しようとしたのである。

住民の要望が集まる郡長

一八〇〇年の地方行政改革により、県の下の行政区画として郡が設立された。各県は平均して四~五の郡に区分され、一八〇〇年に全国で四〇二を数えた。県知事のいる県庁所在地を除き、各郡のトップには郡長が配置された。郡長を任命したのは第一統領である。郡長は県知事の指導のもと、主に郡内の秩序維持、市町村の監視、租税徴収、徴兵、祭典の執行などの職務を担った。

県知事と同様に、郡長もまた活動実績を評価された。しかし、県知事を評価したのは主に国務参事官であったが、郡長を評価したのは県知事であった。郡長の定期的な勤務評定が開始されたのは一八一〇年からである。郡長の評価基準は、基本的に県知事のそれと変わらない。職務上の業績に加えて、個人財産、住民に対する影響力、名望家との関係性、住民からの尊敬、賭博《とばく》や狩猟や女性の嗜好といった「私的」な要素も評価された。

県知事と同じく郡長は、地方住民の心を捉えなければならなかった。自らの財産を用いて郡庁の調度を揃え、夫人の助けを借りて舞踏会を催し、正しい「礼儀作法」で客人をもてなすことで、地方住民との良好な関係を築くことが求められた。この点で、県知事と郡長に大きな違いはなかった。

ただし、県知事は県外出身者から任命されたのに対し、郡長は一般に県内出身者から任命されていた。多くは革命期に県や郡レヴェルの行政職を経験し、県内に影響力を保持する名望家であった。郡長には、郡内の名望家や民衆との直接の交流を通じて、彼らの意見や要望を汲《く》み取る役割が期待されていた。

したがって、郡長は郡内の名望家とはすでに面識があったし、人間関係もできあがっていた。事実、候補者選びでは、郡長と地方住民の関係性が詳しく検討され、地方住民に対して影響力を持つ名望家が優先的に登用された。

郡長は宴会や舞踏会の場で、すでに面識のある名望家との関係をさらに深め、強化することができた。帝政後期になると、郡長職には行政の見習いポストとしての側面が強まり、次第に県外出身者が登用されるケースも増えていく。その場合には、県知事と同じく郡長にとっても、宴会や舞踏会は、まだ面識のない名望家との新たな関係を構築するうえで、やはり重要な機会となった。

市町村長は「住民の意向」通りに

郡の下には市町村（コミューン）が設立された。市町村の数は全国でおよそ三万六〇〇〇にのぼった。各市町村には、一人の市町村長と人口に応じて数人の助役が設置された。先に述べたように、人口五〇〇〇人以上の市では、第一統領が県知事の提案に基づいて市長と助役を任命し、人口五〇〇〇人未満の町村の場合は県知事が任命した。

市町村長の候補者に関する情報を収集したのは郡長である。彼らは郡内の有力名望家との独自のネットワークを駆使して、市町村長に適した人物の情報を集めた。市町村長の選定においても、候補者と地方住民の関係性がとくに考慮された。たとえば、オート＝ピレネー県のバニェール郡長は、市町村長の候補者選びで、名望家のフォルニエという人物に相談している。郡長宛のフォルニエの手紙は興味深いのでここで引用しておこう。

貴殿は八月六日〔一八一二年〕の手紙で、オタン渓谷とルーロン渓谷の市町村長と助役に関する意見、並びに近づきつつある五年ごとの入替えのために、各市町村のこれらの職に就くのに値すると思われる人物の名簿を要求されました。私はこの名簿をお送りします。この名簿をご覧いただけると、私が提案する人物が住民の意向（au gré des habitants）に沿っていること、ほぼすべて各市町村の上位高額納税者であること、誠実さと知性を持ち合わせ、それらの職務を果たすことのできる有能な人物であることがお分かりになるでしょう。

フォルニエの手紙からも明らかな通り、市町村長の候補者選びにおいて何よりも重視されたのは、候補者が「住民の意向」に沿っているかどうかであった。

逆に、住民の意向に沿わない人物が市町村長を務めている場合には、罷免が要求される場合もあった。たとえば、一八〇九年にバニェール郡長は県知事に対して、「ペラック村長は住民の意向に沿っておりません。彼は少し常軌を逸しており、口やかましい人物です。したがって、私は彼を現職の助役によって交代させることが適切であると考えます」と述べ、ペラック村長の罷免を要求している。

郡長は有力名望家から地域の市町村長候補者に関する多岐にわたる情報を収集し、「住民の意向」に沿っているかどうかに基づいて、候補者名簿を県知事に提出した。その中から市町村長が任命された。要するに、市町村長の任命は県当局が恣意《しい》的に行っていたわけではなく、あらかじめ地域社会の同意を取り付けたうえで実施されていたのである。

では、「住民の意向」に沿った人物とは具体的にどういった人物か。実際に市町村長に登用された人物をみてみると、基本的には、旧体制期や革命期から長らく市町村行政に携わってきた人物や、その家系に属する人物が優先的に選ばれていたことがわかる。逆に、一七九三年から一七九四年にかけて、革命が最も激化したいわゆる革命独裁期に一時的に社会的上昇を果たし、市町村の行政官に登用された人物は、徹底的に排除された。市町村長に選ばれた人物は、代々、市町村行政に携わる家系の一員で、比較的富裕な階層に属し、市町村内で影響力を持つ名望家であった。

この傾向はナポレオン時代を通じて大きく変わらなかった。彼らこそが、大多数の住民が納得できる市町村の中核的な人物なのであり、ナポレオン体制は彼らを優先的に登用することで、体制に対する住民の支持を取り付けようとしたのである。

議会は公共の願望の源泉

ナポレオン時代には、県、郡、市町村にそれぞれ県会、郡会、市町村会と呼ばれる地方議会が設置された。地方議会の主な職務は、県内の諸郡、諸市町村、諸個人の間で公正な租税の割り当てを実現し、公共の信用をそれらの活動に与えることであった。加えて、地方議会は各自治体の状態と必要に関して意見を表明することができた。国務参事官のレドレルは県会と郡会の役割について、次のように述べている。

中央政府は県会と郡会に、住民の状態と必要に関する意見を表明する権限を与える必要があると考える。自由と正義の友である中央政府にとっては、公共の願望を知り、とりわけその願望を真の源泉から引き出すことが重要である。もしこの源泉が、全市民の集会によって作成されるリストに記載された名士のうちから各地で選出された財産所有者の集会の中にないのであれば、それはどこにあるというのか。世論があるのはそこであって、著者や扇動者の本当の動機がわからないような嘆願書の中にあるのではない。

地方議会には住民の代表としての性格が付与され、住民の利害を守ることが期待された。では、このような役割を担った地方議会議員はどのように選ばれたのだろうか。

市町村会議員は、基本的には市町村長と同様に、郡長が中心となって地域の有力名望家から情報を集めて候補者名簿を作成し、県知事が任命した。ただし、人口五〇〇〇人以上の市であれば、小郡集会が小郡の高額納税者上位一〇〇人から市会議員を選挙で選ぶことができた。

より複雑なのは県会議員と郡会議員である。県会議員と郡会議員は、名士リスト制度が機能している間は、前者は県名士リストから、後者は郡名士リストから第一統領によって任命された。

しかし、一八〇二年に新たな選挙制度が創設されると、県会議員に関しては、県選挙人団が県会の各空席に対して県内に居住する二人の候補者を第一統領に提案した。郡会議員についても、郡選挙人団が郡会の各空席に対して二人の候補者を選出し、その中から第一統領が任命した。要するに、県会議員と郡会議員の場合には、公選制と任命制が組み合わされていたのである。

県会議員は郡のバランスが重視された

では、ナポレオンはどのような点を考慮して、県会議員と郡会議員を任命していたのだ

県会議員の居住郡	1800年	1807年	1813年
アレス郡	6	4	6
ユゼス郡	5	4	3
ニーム郡	7	8	9
ヴィガン郡	2	4	2

図5　ガール県会議員の居住郡

ろうか。ここでは南仏ガール県の事例をみてみたい（図5）。

まず県会議員の居住地に注目してみると、県内のすべての郡（四郡）が人口比に応じて、バランスよく代表されていたことがわかる。たとえば、ガール県会議員の居住郡を分析してみると、一八〇〇年から一八一三年にかけて、すべての郡が県会に代表者を保持していたことが確認できる。もう少し詳しくみてみよう。

ニーム郡居住の議員は各会期で七～九人、アレス郡は四～六人、ユゼス郡は三～五人、ヴィガン郡は二～四人を数えた（ガール県会議員の定数は二〇人）。一八〇六年の人口調査に基づいたガール県の各郡の人口比は、ニーム郡一一万九二八五人（三七％）、ユゼス郡七万四二八七人（二三・一％）、アレス郡六万八二二三人（二一・二％）、ヴィガン郡六万三四九人（一八・七％）であったから、人口比に応じた県会議員の居住地の配分としては、ニーム郡七～八人、ユゼス郡とアレス郡四～五人、ヴィガン郡三～四人が妥当である。この数字は実際の県会議員の各郡の居住者数と一致しており、ガール県会が郡の人口比に応じた地域の代表性を備えていたことは明らかだ。

県会ですべての郡がバランスよく代表されたことは、選挙の「偶然の産物」であったのか、それとも当局（県知事や第一統領）の意向が働いた結果であったのだろうか。この問題に答えるために、一八〇六年と一八一二年の県会議員の改選に注目してみよう。

ガール県では一八〇六年改選において、県選挙人団が定足数に達しなかった。そのため、県知事が県会議員の候補者リストを作成し、その中から第一統領が県会議員を任命したが、結果として、翌年の県会議員の居住郡の構成では諸郡のバランスが改善された。逆に、一八一二年改選では、県選挙人団が県会議員候補者を選出したのだが、県会議員の居住郡の構成はややバランスが崩れる結果になった。

要するに、選挙人団を介さない方が、県会でのバランスの取れた地域代表性を実現できたということである。当局はできるだけ住民が不満を持たないように、そして県会で公正に代表されていると感じることができるように、細心の注意を払っていた。

県会議員自身も、県会で各郡がバランスよく代表されることを望んでいた。たとえば、一八〇二年度の県会の議事録には、諸郡の租税の割り当てが適切になされるために、「政府は将来、県参事会（主に行政訴訟を担当する機関）と県会において、可能な限り四つの郡から等しい数の構成員を選択するよう」促していた。郡会もまた、自身の郡から選ばれた県会議員が死亡した際には、同郡居住者が新たに県会議員に選出されることを当局に対して強く求めた。これらの声に耳を傾けながら、当局は県会議員を任命していたのである。

四つの空席に一二人の候補者

郡会の場合には、各会期において完全ではないものの、ほとんどすべての小郡から郡会議員が選ばれた。小郡は選挙管区（小郡集会）と司法管区（治安司法）として、郡と市町村の間に設けられた単位であるが、地域住民は小郡庁所在地に選ばれた市場町に定期的に通うなど、住民の生活圏でもあった。ナポレオン時代を通じて、郡会に代表者を持つことのできなかった小郡はすべて大都市近郊であったから、おそらく大都市に居住し、近隣地域に所有地を持つ名望家が郡会議員に選ばれたことで、よしとしたのであろう。

当局は郡会議員の選出にあたり、小郡からの圧力を受けることもあった。一八一二年の郡会議員の改選におけるヴィガン郡の事例をみてみよう。この年、ヴィガン郡では、郡選挙人団が定足数に達しなかったので、郡長が四つの議席の空席に対して一二人の候補者からなるリストを作成した。

このリストには、候補者が小郡ごとに記載されており、六つの小郡ごとに二人ずつの候補者が提案されていた。各候補者には所見が記されており、たとえば、トレーヴ小郡の二人の候補者の所見には、「この小郡は郡会に代表者を一人も持たない」と書かれており、続けて、彼ら候補者は「くじ引きで退職することが決まったデブロッシュ議員と交代するためである。デブロッシュ氏はサン・タンドレ・ド・ヴァルボルニュ小郡から選ばれた議員だが、当該小郡はパジェジ議員によって代表されている」と記載されている。すなわち、サン・タンドレ・ド・ヴァルボルニュ小郡は、別の郡会議員を輩出していることを理由に、トレーヴ小郡の候補者から郡会議員が任命されるべきだと主張されたのである。これらの所見からも、郡長が居住小郡を基準に郡会議員の候補者リストを作成したことは間違いない。

しかし、本来であれば郡会の四つの空席に対して、提案すべき候補者は八人になるはずだが、なぜここでは一二人の候補者が提案されたのだろうか。この点について、郡長は政府に提出した候補者リストの末尾に所見を記している。たいへん興味深いので、少し長いが引用してみよう。

一、私〔郡長〕は選挙人団の議長とさまざまな小郡の代表団から、もし選挙人団が過半数に達せばおそらく選出されたであろうと思われる候補者のリストを受け取りました。これらのリストを基に、私はこの候補者リストを作成しました。

二、しかしながら、全員を満足させるのは難しいように思われます。サン・ティポリット小郡は、現職の郡会議員であるラペイルーズ氏が県会に移るならば、〔同小郡の人物によって〕交代されることを望んでいます。同じ要求は、辞職したコストベル氏の交代について、アルゾン小郡からも出されています。同じく、〔郡会議員の〕トゥーロン氏の交代について、ヴァルローグ小郡からも要求がなされました。

三、トレーヴ小郡とキサック小郡は一人も代表者を持っていません。以上に鑑《かんが》みて、四つの空席に対して、六つの議席を望むことになってしまいました。

郡長は退職議員の居住する小郡や郡会に代表者を持たない小郡から、独自の候補者リストを受け取っていた。各小郡は郡会に代表者を持つために、郡長に圧力をかけていた。各小郡からの働きかけを受けた郡長は、各小郡が郡会に代表者を持つことの重要性を認識していたが、その裁定を下すことができないままに、一二人の候補者を政府に提案することになったのである。

　ナポレオン時代に地方議会議員の選挙は行われていたが、選挙で選ばれた候補者の中から、最終的に任命したのはナポレオンであった。また、選挙人団が開催されない場合には、県知事や郡長が独自に候補者リストを作成することができた。それでも、だからといって彼らが好き勝手に候補者を選んだり、ナポレオン賛美者ばかりを登用したりしていたわけではない。彼らは地方住民の声に耳を傾け、できるだけ多くの人が納得のいく人物を選ぼうとしていたのである。さまざまな利害関係者の声を聞き、調整を通じて合意形成を図ろうとするナポレオンの統治技法は、まさに「調整型」の政治戦略と呼ぶにふさわしいものである。

国務参事官と議員視察を利用

「調整型」の政治を行うには、各地の状況を正確に把握し、広範な意見を集めることのできる情報ネットワークを形成することが不可欠である。ナポレオンの情報収集に対する熱量は凄まじく、ナポレオン時代にはそれを可能にする多様な回路が作り上げられた。最も有名なのは、警察大臣のフーシェが全国に張りめぐらせた情報ネットワークだが、それ以外にも、ナポレオンは幾つもの情報収集の手段を持っていた。

前述の通り、ナポレオンは諸県の県知事の活動実績を評価するために、各地に国務参事官を派遣している。国務参事官は軍管区ごと（三〜六県で構成）に派遣された。

実は、彼らの任務は県知事の評価に限られてはいなかった。一八〇二年一二月にナポレオンが国務参事官に送った通達によれば、国務参事官は軍管区の中心地に県知事、師団長、税関長官らを集めて会議を開き、地方の情報を収集するとともに、取るべき措置について協議することができた。派遣任務が軍管区単位で行われていたことからも推察されるように、主な調査対象は、徴兵や密輸対策などの軍事や国境防衛に関わる分野である。ところが、通達ではそれ以外にも、行政全般、公教育、聖職者や礼拝などが調査対象に含まれており、ナポレオンが国務参事官を通じて、多岐にわたる情報を集めようとしていたことがわかる。

ナポレオン時代には、元老院議員所有地（sénatorerie）を議員自身が視察することも求められた。元老院議員所有地とは、控訴裁判所の管区ごと（三〜四県で構成）に、元老院議員に終身所有権が与えられた土地である。国有財産から与えられたこれらの土地の毎年の収入は二万〜二万五〇〇〇フランにのぼり、元老院議員にとってたいへん旨味《うまみ》があった。

しかし、それは無条件ではなく、元老院議員所有地を定めた一八〇三年一月四日の元老院決議では、元老院議員所有地の所有者に対して、一年のうち少なくとも三ヶ月はその土地に滞在すること、そしてナポレオンが必要と判断した場合には、特別の任務を果たし、彼に報告することが義務付けられた。元老院議員所有地の視察とはその任務の一環である。

シードルを飲む住民は慎重で用心深い?

元老院議員所有地の視察については先行研究でもほとんど紹介されていないので、ここでは筆者が本書でも登場したレドレルの私文書群の中から発見した元老院議員所有地の視察報告書を基に、その活動内容を分析してみたい。

レドレルは一八〇二年夏に国務参事院から排除されると、世論管理局長を経て、元老院議員に選出され、ノルマンディー地方のカーンを中心地とする元老院議員所有地が与えられた。その後、ナポレオンから当地の視察を命じられて、一八〇三年一二月に報告書を作成している。レドレルによれば、その目的は元老院議員所有地を構成する三県(マンシュ県、カルヴァドス県、オルヌ県)を視察し、戦場に近く(一八〇三年五月にアミアンの和約は破棄され、イギリスとの戦争が再開している)、イギリス側が内通者を送り込んでいる可能性のあるこの地方の民心を知り、ナポレオンが求める最も確実で重要な情報を集めて、報告することであった。

報告書は大きく四項目に分かれている。第一に聖職者、第二に旧貴族層、第三に公職者（行政官、司法官、軍人）、第四に民衆である。住民に対して精神的な影響力を持つ聖職者、富の影響力を振るう旧貴族層＝大土地所有者、公的権威を持つ公職者、そしてそれらの影響を受ける民衆を別々に検討することで、この地方の民心を正しく知ることができると考えられた。

中でもとくに注意が向けられたのが、聖職者と旧貴族層である。たとえば、かつて革命を支持した立憲聖職者に対するルーアン大司教の批判的な言説や、立憲聖職者の宗教上の行い（教会の祝別式、洗礼、結婚など）の無効化の宣言が取り上げられた。また、三人の司教と立憲聖職者の関係性、司教の個人的な性格や政府に対する態度など、細かい情報も集められた。とりわけ、バイユー司教は「使徒のごとき情熱」を持ち、農村住民に対して聖母マリア信仰を過度に煽《あお》ったので、夜間の行列に多くの住民が集まることになったとして、警察がその状況を不安視していると述べられている。

レドレルは旧貴族層を四つのグループに分類している。第一に、革命期に亡命したが、帰国後に主要な土地財産を取り戻した貴族、第二に、亡命し、帰国後にわずかな土地財産しか取り戻せなかった貴族、第三に、亡命はしなかったが、革命にはほとんど関わろうとしなかった貴族、第四に、亡命せず、革命以降も公職に就いた貴族である。レドレルによれば、それらのうち、第三と第四グループの貴族に関しては政府は頼りにできたが、人数はあまり多くなかった。

逆に、この地方では、第一と第二グループの貴族の数が多かった。彼らのほとんどはイギリスに亡命し、帰国後に土地財産の回収を目指して行政官と激しく対立する場合もみられた。彼らは革命期にフランスに留《とど》まった貴族とは一定の距離を保ち、イギリス側とのつながりを大事にしていた。

その中にはかつて反革命運動を率いたフクロウ党の幹部もいた。レドレルは、彼らはさしあたり従順な態度を示していて、県知事との関係も良好であること、国有財産の買い戻しを目指しており、反革命の暴力的手段を放棄していることが察せられると指摘したうえで、しかし戦争の再開が状況の変化をもたらす可能性があるとして、注視するよう促している。

聖職者と旧貴族層に比べて、公職者に関する記述はより簡潔であった。控訴裁判所と刑事裁判所の裁判長、県知事、師団長の勤務態度が記された。県知事に関しては、前述の国務参事官の評価書と同じく、さまざまな党派の人々を邸宅に招待して、党派間の不和を和らげる努力がなされている点が高く評価されている。

民衆についてはもう少し詳しく報告された。興味深いのはノルマンディーの農村住民の性格に関する記述である。彼らが慎重で用心深く、自分の利益ばかりを考えているとして、その理由を、この地方の寒くてじめじめとした気候、住居の孤立、そしてなんと住民がワインの代わりにシードルを飲んでいることに求めている。アルコール度数の低いシードルでは、住民が陽気に交流するには不十分であるということだろうか。

もちろん、住民の性格だけが記されたわけではない。租税の支払いと徴兵の状況、行列やミサに対する住民の熱望、革命前に教会が教区民から徴収していた十分の一税や封建的諸特権の再建に対する住民の不安についても報告された。結論としてレドレルは、この地方は政府が警戒しなければならない状況にはないが、公職者や市民の気持ちをつなぎ止めておくためには、ナポレオンが一度訪問する必要があると主張している。

このように、ナポレオンは国務参事官や元老院議員を各地に派遣することで、情勢に応じて必要な情報を集めることができた。

最後に、同じく中央で職務を担いながらも地方の情報をパリに伝えた存在として、立法院議員を取り上げておこう。議員三〇〇人からなる立法院には、毎年最大四ヶ月間の会期が認められた。会期中は当然、議員はパリに滞在したが、会期外になると彼らは地元に帰り、可決された法律の利点を住民に説明したり、地方住民の要望や意見などを聴取したりした。彼らは会期になるとパリに戻り、自身が集めた情報を基に議会活動を行った。実際、帝政期に立法院に提出された法案の半数以上は地方利益に関するもの（共同地の譲渡、道路建設の特別課税、救貧院の不動産管理など）であったから、彼らが集めた情報は非常に有益であった。ナポレオン自身も立法院を「諸県の代表者の集まり」とみなしており、中央と地方を結びつける場としてやはり重視していた。

全五章の周到な統計年鑑

国務参事官や元老院議員の視察は、諸県を跨《また》いだ調査が可能なところに利点があった。一方で、県内の詳しい状況については、県知事が継続的な情報収集の役割を果たした。県知事は郡長や市町村長を介して、定期的に各地の情報を手に入れることができた。また、年に一回は県知事自ら県内の視察を行っている。したがって、県知事が集めた情報はナポレオンにとって唯一無二のものであった。国務参事官や元老院議員の視察は、県知事の報告を裏付けるために行われていたと考えることもできるだろう。

しかしながら、県知事は基本的に県外出身者であったから、現地に関する知識は乏しかった。自ら視察を行ったとはいえ、「フランス語」が十分に浸透していない地域では、住民との直接対話さえ難しい。そこで県知事は情報収集においても、現地に関する膨大な知識の持ち主である名望家を頼りにした。ここでの県知事と名望家の協力は、統計年鑑の作成で顕在化する。

行政の合理化を意味する近代的な統治を行うには、国家の現状を正確に知ることが不可欠である。それゆえ、フランスでは総裁政府期から統領政府期にかけての一〇年間（一七九五年から一八〇四年）に、国のすべての対象を詳細かつ正確に把握すべく、全国各地で統計年鑑が作成された。

統計年鑑の作成を推進したのは、一八〇一年に内務大臣に着任したシャプタルである。シャプタルは全五章からなる全国一律の調査票に基づき、全県の県知事に統計年鑑の作成を命じた。項目をまとめると、第一章：各県の地形と気候、第二章：人口とその年齢別・階層別分布、出生数、第三章：救貧院、裁判所と監獄、学校、生活必需品の価格、第四章：農作物の種類別の耕地面積と農産物の量などの農業に関する調査、第五章：羊毛、製鉄、木綿、麻などの製造業と製造業別人口の調査である。諸県の統計年鑑が作成されることで、フランス全国の現状を包括的に知ることができると考えられた。

県知事は内務大臣の要求に応えるために、郡長や市町村長だけでなく、現地の名望家や医師や教授らを動員してインフォーマントのネットワークを組織した。また、視察の際に、知事室事務総長を同伴させて情報収集を行わせた。こうして各地から寄せられた膨大な情報を基に、諸県で統計年鑑が作成されていった。ナポレオンは近代的な統治を行ううえで、これ以上ない情報を手に入れたのである。

ところが前述の通り、統計年鑑が徹底されたのは一八〇四年までであり、それ以降、同じ規模の調査が行われることはなくなる。諸県で作成された統計年鑑が統治に有用であるならば、帝政期を通して作成されても良さそうだが、なぜ作られなくなったのだろうか。

その理由の一つとして、統計年鑑があまりにも細かい情報をすべて網羅しようとしたことで、却《かえ》って使い勝手の悪いものになってしまった点が挙げられる。オート＝ピレネー県統計年鑑を例に取り上げてみると、山岳部の住民の「原始的な性格」や農民の伝統的な踊りや地方の祭りなどが細かく描写されていることがわかる。確かに、これらの情報は民俗誌的には貴重であるし、当時の文明論的な文脈の中でも重要な調査の一環をなしていたが、統治者の視点に立ってみれば、網羅したところで何の役に立つのかは定かでなかった。

帝政期になると、すぐに役立つ情報だけが集められるようになった。利用者が一目見てわかるように、調査対象は部門ごとに細分化され、簡単に比較できるように数字で記されることが推奨された。一八〇六年の県知事の評価書において、各項目で評点が付けられ始めたのと同じ変化である。

実際、一八〇六年には農業部門と産業部門で、一八一一年には鉱物、有用植物、家畜の生産量に関して、統計調査が実施された。農業部門については、一八一四年にも全体の調査が行われた。ナポレオンはすぐに役立つ統計データの収集を推進し、膨大な情報を基にした合理的な統治の実現を目指したのである。

農業協会と手を結ぶ

ナポレオンは多様な回路を通じて各地の情報を集め、それらを照合しながら、地方の状況を正確に把握しようとした。徹底した情報収集を行政官らに求めたが、それを実現するには名望家の協力が不可欠であった。県知事には、名望家から地方の状況に関する正確な情報を引き出し、彼らの要望に耳を傾けることが求められた。そのために、県内の学術団体や農業協会やフリーメイソンなどの団体に積極的に参加して、名望家と交流を深めていく。一八一二年に内務大臣のモンタリヴェが県知事の評価項目として、文芸協会や農業協会への加入の有無を問うたのも、その理由からであった。

県知事は名望家と意見を交わしながら、県の政策を決定した。ここではその一例として、農業協会を取り上げてみよう。ナポレオン時代に農業は基幹産業であった。革命期に一旦《いったん》廃止された農業協会は、総裁政府期に再編され、ナポレオン時代に飛躍的な発展を遂げた。一八〇八年までに全国で合計五一の農業協会が数えられている。

農業協会の議長は会員の投票で選ばれたが、基本的には県知事が選出された。会員は県内在住の名望家であり、議員や行政官に加えて、主任司祭、医師、教授なども参加した。県会議員や市町村長など、県内の主要な行政官はほとんどが会員であった。要するに、農業協会は半官半民の団体であった。その中で、県知事は名望家と意見を交わしながら、県の農業政策の方向性を決めていった。事実上、農業協会は行政の「相談役」を担っており、県知事に県内の農業事情に関する詳細な情報を与え、農業実験を行う際には、県知事は優先的に農業協会の会員に問い合わせていた。

県知事は、農業協会が国家の政策を県内に普及させる役割を担うことも期待していた。英仏戦争の影響で十分な量の植民地物産がフランス国内に入ってこない状況の中で、農業協会には、甜菜《てんさい》、アカネ、タイセイなどの植民地物産（あるいはその代替品）の栽培を県住民に奨励することが求められた。また農業協会の会員には、栽培草地の開発、家畜の品種改良、ワクチンの普及など、農業の新しい技術の有効性を住民に説得し、広めることが期待された。国家の政策の推進が地域の発展につながることが意識されており、中央と地方の関係は相補的なものとして理解されていた。ナポレオンは農業協会の技術指導を高く評価し、「われわれの第一の生産部門である農業は発展した」として、「農業協会は中央政府の計画を熱心に支援し、優れた技術を普及させている」と称賛している。

革命からの「復興」

名望家の声に耳を傾けようとする政府の姿勢は、とりわけ都市環境の整備に結実した。ナポレオン時代のパリでは、モニュメントの建設に加えて、給水所、市場、郊外の屠場《とじょう》などが新たに建設されたり、道路の番地付けや舗装、街灯の設置などが進められたりした。都市の近代化は、ナポレオン支配下のヨーロッパの大都市、とりわけイタリアのミラノ、フィレンツェ、トリノ、ナポリでもみられた。

　地方都市もまた、ナポレオン時代に近代化を経験した。中央政府の推進のもと、地方議会が公共事業の具体的な計画の作成を担った。その結果、中小規模の都市でも、歩道や散歩道の建設、修理、舗装、給水所や水道橋の整備などが進められた。また公衆衛生の観点から、道路と広場の定期的な清掃や動物の死骸《しがい》の埋め方が定められ、屠場は郊外に移されている。パリほどではなかったが、街灯の設置も進み、点火業務の詳細が取り決められた。図書館や美術館の整備も進み、名望家にとっての娯楽が提供された。規模の大きいリヨン市では、帝政期に、都市の人口増加に対応した墓地の新設計画が具体化されてもいる。

　ちなみに、リヨン市は革命の最中に反革命の拠点とみなされて、国民公会によって徹底的に破壊されていたから、都市の再建が喫緊の課題であった。とくに「復興の象徴」とみなされたのがベルクール広場の建物のファサードの修復工事である。ナポレオン自身、マレンゴの戦いの後、リヨンを訪問した際にファサードの修復の必要性を認め、二年で修復を終わらせると豪語した。残念ながらナポレオン時代に修復工事は終わらなかったが、都市の再建を目指す姿勢において、ナポレオンと都市の名望家の間には方向性の一致がみられた。

ナポレオン時代の地域の発展は目覚ましかった。リヨンを筆頭に、革命期に荒廃と停滞を経験した都市住民にとって、この時代の都市環境の整備は革命からの「復興」を感じさせるのに十分であった。

確かに、地域の近代化政策の大部分は中央政府の主導によって進められた。しかし、中央政府はさまざまなインフォーマントを介して当地の状況を正確に把握したうえで政策を決定していた。県知事は名望家との「私的」な交流を通じて、彼らの考えをよく理解していた。そのうえ、具体的な計画を担当したのはしばしば地方議会であったから、ここでも名望家の意見を政策に反映させることができた。ナポレオン体制は名望家と協力関係を結び、共に同じ方向を向いて、地域の発展に取り組んでいたのである。

「地域密着」の政治戦略

ナポレオンは「住民の意向」を重視する政治家であった。彼は地方住民の声を聞き、地方の情勢や全体のバランスを考えながら公職者を任命した。それこそがナポレオンの地方政治の成功の秘訣《ひけつ》だった。

中央政府の代理人である県知事や郡長が住民に対して「権威主義的」に振る舞うことは

許されない。むしろ、県知事や郡長の評価基準で最も重視されたのは、名望家との「私的」な交流を通じて、彼らとの協調関係を築くことであった。市町村長の任命も、「住民の意向」に配慮して行われた。地方議会議員の場合、公選制と任命制が組み合わされて議員が選出されたが、その際には、県内の各地域がバランスよく代表されるように細かな配慮がなされていた。

ナポレオンは多様なネットワークを駆使して膨大な情報を収集し、それに基づき、政治の方向性を決定した。中央政府の主導のもと、各地では、名望家で構成される地方議会が具体的な計画を作成し、県知事が実行に移した。ナポレオン時代には、県知事と名望家の協力関係に基づき、各地でさまざまな改革が行われて、革命からの「復興」がなされた。

治世を通じて、ナポレオンが「住民の意向」を重視し続けたことは確かである。しかし一方で、帝政期には統治体制にある変化がみられたことを忘れてはならない。象徴的なのがナポレオンの議会軽視の態度だ。一八〇七年に議会の一つである護民院が廃止され、立法院は廃止を免れたが、毎年の会期の会議日数は大きく減少していった。ただし、そのことは立法院の機能停止を意味するものではなく、立法院は少数議員で構成される専門委員会に分けられて、法案制定に関与し続ける。国務参事院はあらかじめこれらの専門委員会に法案を提出し、そこでのコミュニケーションを通じて、法案を修正して会議に諮っていた。ナポレオンは地方利害の問題が論じられる場として、しかしそれのみに立法院の存在意義を認めていた。

立法院でみられた変化は、実は、地方議会でも同様に認められるものだ。一八〇六年以降、地方議会の会議日数は次第に減少していった。とはいえ、地方議会議員が地方政治に関わらなくなったわけではない。県知事は一部の議員からなるさまざまな専門委員会を設置して、そこでの協議に基づいて、多くの政策を決定するようになった。議会形式よりも、専門委員会に基づいた県知事主導の政治が好まれるようになったのである。

こうした中で、議会形式にこだわる議員の不満が高まりそうなものだが、本章でみてきたように、県知事は「私的」な交流を通じて名望家社会に溶け込み、彼らの意見を政策に反映しようとしたから、少なくとも地域の発展が目指される限りにおいて、大きな反発が起きることはなかった。逆説的ではあるが、県知事主導の政治を行うためにも、名望家との良好な関係を築くことがむしろ一層重要になっていった。事実、ナポレオン体制に対する名望家の不満が顕在化するのは、一八一一年以降の全国的な経済危機により、地方の開発が鈍化してからのことでしかなかったのである。

第四章　国民の期待を体現する

――ナポレオンのプロパガンダ戦略

イタリアで芸術に目覚めた

ナポレオンは選挙戦略や政治戦略を巧みに駆使し、民衆の関心や土着の人々の利害に配慮した政治を行っているという印象を国民に与えた。しかし、彼はそれに満足せず、体制の求心力をさらに高めるため、国民の期待を体現する君主像を国民の心に深く刻みつけようとした。ナポレオンがプロパガンダの重要性を認識し、絵画、彫像、モニュメント、演劇、ジャーナリズムといった多様な媒体に目を向けたのは、この目的からである。

ナポレオンが芸術に目覚めたのは、あるいは芸術に対する彼の関心が初めて確認されるのは、第一次イタリア遠征の時だ。イタリア方面軍総司令官であったナポレオンは、イタリアに出発して三週間後にはすでに、征服地のピエモンテで収奪すべき美術品に関する情報収集に着手している。その後、ミラノ、パルマ、ピアチェンツァ、モデナに所在する絵画、彫像、骨董品《こっとうひん》に関する情報収集も行い、イタリアでの美術品の収奪の見通しをつけていった。

なお、美術品の収奪はナポレオンの独断専行ではなく、総裁政府の指令に従ったものである。ナポレオンは収奪の過程において、総裁政府とこまめに連絡を取り、連携して収奪を進めていった。一七九六年五月七日付の「イタリア方面軍総司令官ボナパルトに対する総裁政府の訓令」において、総裁政府はナポレオンにこう注文をつけている（服部春彦『文化財の併合』知泉書館、二〇一五年の訳文を一部修正のうえ引用）。

市民たる将軍よ、総裁政府は貴殿が美術の栄光を貴殿の指揮する軍隊の栄光と結びついたものとみなすであろうと確信している。イタリアはその富と名声の大部分を美術に負っている。だが、自由の王国を確固たるものにし、美しく飾るために、美術の王国がフランスへ移るべき時が来たのである。国家美術館はあらゆる芸術の最も有名な記念物を収蔵せねばならず、貴殿はイタリア方面軍の現在までの征服から、また今後に予定されている征服から期待される記念物によって、国家美術館を豊かにすることを忘れないでいただきたい。

総裁政府からすれば、ヨーロッパ諸国に対して文化的に優越したフランスが、征服地の美術品を収奪するのは「当然の権利」であり、ナポレオンもそれを信じて疑わず、熱心に美術品の収奪を主導したのである。

「収奪者」から絵画の主題に

むろん、ナポレオンの美術品に関する知識には限界があった。彼は収奪を抜かりなく実施するために、芸術家と学者の知識が不可欠であることを早々に理解し、総裁政府に対して、専門家で構成される委員会の設立を打診している。五月一六日、芸術家のモワットやベルテルミー、学者のモンジュやベルトレらで構成される委員会が設立され、二一日、「共和国軍の占領地において学術品・美術品を探索する政府委員」として、イタリアへ向けて派遣された。彼らは現地委員と合流後、ナポレオンの進軍と歩調を合わせて、イタリア各地の美術品を収奪していった。同委員会による美術品の収奪の具体的な過程と収奪された美術品に関しては、フランス近代史を専門とする服部春彦《はっとりはるひこ》の研究（『文化財の併合』）が詳しいので、興味のある方はそちらを参照してほしい。

歴史的な傑作が数多く所在するイタリアの地は、ナポレオンの芸術への関心を高めるのに最適な環境だった。実際、彼は遠征中にイタリアの諸都市を訪問し、古代の荘厳なモニュメントに感嘆しながら、芸術の重要性を学んでいった。この記憶が後に、彼の治世下におけるモニュメント政策に反映されることになる。

また、美術品の収奪を実行する際、ナポレオンは高名な学者や芸術家と知遇を得、交流を深めてもいる。その結果、彼は単なる「軍人」としてではなく、教養ある市民としても広く認められるようになった。事実、一七九七年末にイタリアから帰国したナポレオンは、フランス学士院の科学部門の会員に選出され、他の軍人たちとは一線を画すことになる。

さて、ナポレオンはイタリアでは美術品の収奪の実行者であったが、遠征中に彼自身もまた、芸術家たちによって絵画の主題として描かれ始める。一七九六年以来、無名の画家たちによって、若き英雄ボナパルト将軍の版画が制作され、販売されたのである。中でも有名なのが画家のアントワーヌ＝ジャン・グロだ。彼は妻ジョゼフィーヌを介して、ナポレオンから肖像画の制作の許可を得ることができた。

ナポレオンは普段、肖像画の制作のために時間をかけてポーズを取るのを嫌がったが、グロが巨匠ジャック＝ルイ・ダヴィドの弟子であることを知ると気を良くし、わずかな時間だけそれを受け入れた。グロの制作した『アルコレ橋のボナパルト将軍』（図6）では、ナポレオン自ら軍旗を握りしめて、兵士を鼓舞しながら先頭に立って橋を渡るシーンが描かれ、その躍動感から、現在でも美術史家たちから高い評価を受ける作品となった。

第一次イタリア遠征において、ナポレオンの肖像画の制作は、若き英雄に熱狂した芸術家たちの自発的な制作活動により展開していった。肖像画が版画として複製され、大量に普及したことで、フランス国内で自身の人気が高まるのを目の当たりにしたナポレオンは、政権の座に就くと、むしろ積極的に絵画による自己宣伝に努めていくことになる。

新聞が伝えた「救世主」像

当初、ナポレオンは絵画については、画家たちの自発的な制作活動に任せていた。一方で、ジャーナリズムに関しては、自身のプロパガンダの手段として、かなり意識的に活用している。その目的の一つは兵士を鼓舞し、愛国心と忠誠心を高めることであった。ナポレオンはイタリアで公式軍報の『イタリア方面軍通信』や評論誌『イタリア方面軍からのフランス展望』を刊行させると、戦勝を誇張して伝えさせた。これらはフランス本国にも大量に持ち込まれ、国民を熱狂させるとともに、常勝将軍、諸党派を超越する有徳の共和主義者、ヨーロッパ大陸の平和の使者としてのナポレオン像を広く普及させる役割を果たした。

実は、ナポレオンがジャーナリズムを活用した背景には、彼がフランス国内で敵対勢力との論争を余儀なくされていた状況があった。ナポレオンが一七九五年の「ヴァンデミエール一三日の蜂起《ほうき》」で王党派勢力を一掃したことにより、パリで一躍有名人となったこと

図6　アントワーヌ＝ジャン・グロ『アルコレ橋のボナパルト将軍』（1796 年）
(C) GrandPalaisRmn（Château de Versailles）/ Franck Raux / distributed by AMF

はすでにみた通りだが、王党派はこの「ヴァンデミエール将軍」に対して憎悪の念を抱いていた。パリの王党派（クリシー派）は機関紙を用いながら、ナポレオンがイタリアを破壊・略奪し、姉妹共和国の設立を推進したことで永続的な平和の再建を困難にしたとして激しく糾弾していた。

ナポレオンはこうした王党派の批判をかき消し、「征服者」としての非難を免れるためにも、イタリアの地からジャーナリズムを駆使して、自身の功績を広くフランス国民に伝えなければならなかったのである。

ナポレオンの英雄像の確立において、決定的な契機となったのが一七九七年一〇月一七日のカンポ＝フォルミオの和約の締結である。これにより、「平和の使者」としてのナポレオン像が不動のものとなり、戦争に倦《う》んだフランス国民を熱狂の渦に巻き込んだ。

イタリアから凱旋《がいせん》帰国したナポレオンは、半年のフランス滞在を経て、エジプトに向けて出発した。エジプトの地でもまた、ナポレオンはジャーナリズムを用いて、エジプト遠征が単なる軍事遠征にとどまらず、「文明化の使命」を目的とした壮大な事業であることを、フランス国民に示そうとした。

ナポレオン主導のもと、『エジプト通信』が発行され、フランス学士院と『哲学旬日

(*La Décade philosophique*)』(一〇日ごとに刊行される哲学、文芸、政治などを評論する定期刊行物)に対して、エジプトでの科学的研究の成果を伝える役割を果たした。革命期の主要紙で議会議事録なども掲載される『モニトゥール』に対しては、戦闘での勝利やエジプトで取り組まれた諸改革が報告された。とくに『哲学旬日』は、エジプトで起きたさまざまな出来事を詳細に追い、学者らの調査旅行の動向を細かく論じたので、読者はフランスにいながらも、ナポレオンと同じ「東方の夢」を見ることができた。

並行してフランス国内では、リュシアン・ボナパルトの『自由人新聞』を中心に、ナポレオンを支持する一派がエジプト遠征の失敗を隠蔽《いんぺい》するために結集し、遠征軍の勝利を誇張して伝えていた。

ナポレオンのエジプトへの出立後、フランス本国では対外危機が高まり、総裁政府に対する国民の信用は失われる一方だった。ヨーロッパ大陸に残された共和国軍の将軍たちが敗北を重ねれば重ねるほど、ナポレオン人気は逆に高まり、「救世主」の帰国を待ち望む声が国内に広がっていった。事実、エジプトから単身帰国したナポレオンがフランスに上陸してからパリに戻るまでの道中は、まさに「凱旋旅行」と呼べるものであり、各地で熱狂の渦の中、「救世主」の帰国が祝われたのである。

ナポレオン不在の間、フランス本国の劇場では、ロディの戦いやアルコレ橋の戦いを題材にした演劇がよく上演された。彫刻家たちはボナパルト将軍の半身像をこぞって制作していた。画家たちは引き続き肖像画を制作し、版画家たちはイタリア遠征を主題とした版画を大量に制作して販売した。ブリュメール一八日の前夜には、いくつかの公的機関の壁にはすでに、ナポレオンの肖像画が飾られてさえいたのである。

したがって、パリに戻った時、ナポレオンは「国民の期待を体現する」カリスマ将軍として、国民の前に姿を現すことができた。『ガゼット・ド・フランス』は、ナポレオンのパリ帰還が市民に知らされると、その夜、パリの路上ではナポレオンの栄光を讃《たた》えるために人だかりができ、居酒屋では、将軍の帰還を祝うために皆が乾杯したと伝えている。

『大陸軍報』で勝利を発信する

こうした中、ナポレオンの帰国前から総裁政府体制の転覆を計画していたシィエスを中心とする改憲派勢力は、国民の人気が絶大なナポレオンの存在を無視できず、彼を自陣に引き込まざるを得なくなる。ブリュメール一八日の当日、クーデタを正当化すべく、レドレルがあらかじめ用意した掲示物がパリ中の壁に貼られたが、そこでは「共和国を救う」

という目標が強調されたことで、「救世主」としてのナポレオンが前面に押し出されることになった。要するに、クーデタを正当化するために、ナポレオン人気にあやかろうとしたのである。

ただし、ナポレオン時代の専門家であるナタリー・プティトが指摘するように、ブリュメール一八日の翌日には、新体制もナポレオンの権力もまだ盤石ではなかった。確かに、クレルモン＝フェランでは、市民が熱狂し、劇場では観客の求めに応じて、『ラ・ボナパルト』と名付けられたコントルダンスの曲が演奏されたし、ボルドー市民は商業活動が活気を取り戻すことを期待して、ナポレオンに喝采《かっさい》した。しかしながら、国民投票の結果が示す通り、現実には地域差が存在しており、日和見主義の態度が大勢《たいせい》だった。

それゆえ、ナポレオンは自らの権力を確立すべく、その後も、ジャーナリズムを駆使したプロパガンダ戦略を続行しなければならなかった。一八〇〇年以降、第一統領となったナポレオンは、パンフレットの刊行を促進し、自ら筆をとることもあった。その最も有名な成果が『大陸軍報』である。フランス軍の勝利を連日伝えた『大陸軍報』は、ナポレオンの軍事的栄光を高めるとともに、軍人に対しては、模範的な英雄的行為の選集として、文民に対しては公民教育の教科書としての役割を果たした。さらに言えば、ヨーロッパの人々（被征服民を含む）をも魅了することを目的とした「作品」であった。

また一八〇〇年以降、『モニトゥール』は政府の監督下に置かれて御用新聞となり、ナポレオンの諸政策や戦争を正当化していく。たとえば、第二次イタリア遠征の直前には、戦争の全面的な責任が和平交渉を拒否したイギリス政府にあるとし、予告される戦争は単なる政治的対立（革命と反革命の争い）ではなく、何世紀も続く英仏両国の経済的競合の結果であるとして、戦争の正当化が図られている。対英戦争の正当化は、とくに帝政期の演劇で好んで上演される主題でもあった。この点については、本章の最後で改めて取り上げたい。

このように、ナポレオンの権力の確立において、ジャーナリズムが果たした役割は大きく、その重要性をいち早く認識したナポレオンの政治家としての優れた資質が認められる。

パリの政治新聞は四紙のみに

ナポレオンは政策や戦争を正当化するために、ジャーナリズムを活用して積極的に情報を発信した。一方で、敵対する意見が影響力を持ち、体制が不安定化することを恐れてもいた。そのため、早くも一八〇〇年一月一七日法令によって、七〇紙以上あったパリの新聞は一三紙に減らされてしまった。

世論管理局（Direction de l'esprit public）も設立され、一八〇二年にレドレルが局長に就任する。彼によれば、安定した統治を実現するために、世論管理局は社会のさまざまな階層の利害を把握し、彼らの日常的・習慣的な読み物や娯楽を調査し、人々に影響を与える弁護士や医師などをリストアップしておく必要があった。

ただし、フランス社会思想史の専門家で、レドレルにいち早く注目してきた安藤隆穂《あんどうたかほ》がつとに述べているように、レドレルは、さまざまな階層の利害や意見を把握して、それをそのまま政治に活《い》かそうと考えていたのではなく、民衆の意見・利害を把握した知的エリートが作り出す「世論」だけを念頭に置いていた。その分、レドレルは知的エリートによる自由な言論空間を重視していたのだが、最後には、警察大臣フーシェとの闘争に敗れ去り、ナポレオン体制の世論指導的な性格は一層強まることになった。

出版統制は段階的に行われていく。一八〇〇年にパリの新聞数が削減された後も数年間は、ジャーナリストたちはある程度自由に記事を書くことができた。しかし、一八〇五年から、各新聞社には検閲官が設置され、間違いを訂正したり、プロパガンダの文言を記事に滑り込ませたりしていった。とはいえ、王党派の機関紙である『メルキュール・ド・フランス』だけは、いくらか自由に記事を書き続けた。実際、一八〇六年にはルイ・ボナルドが表現の自由の制限について体制を非難しており、翌年には、シャトーブリアンがナポレオンを「専制君主」として批判している。しかし、同年、『メルキュール・ド・フランス』は、イデオロギー的に対立する『哲学旬日』と強制的にまとめられたことで、影響力が削《そ》がれてしまう。

一八一〇年八月には、各県に一紙の政治新聞しか許可されないことが定められ、県知事が内容を厳しく監視した。たとえば『オート゠ピレネー県新聞』は、フランス側のピレネー渓谷において、進軍したスペイン武装集団をフランス軍が撃破したと大々的に報じたのだが、戦争が国境地域で行われていることが明らかになるのを恐れた政府から、叱責《しっせき》の対象となった。さらに一八一一年二月四日法令は、パリの政治新聞を四紙、すなわち『モニトゥール』、『ジュルナル・ド・ランピール』、『ガゼット・ド・フランス』、『ジュルナル・ド・パリ』に限定し、出版統制を強化した。

ナポレオン時代の出版統制は新聞に限らず、書籍全般に及んだ。一八一〇年二月五日法令により、パリの印刷業者の数は六〇に減らされ、存続した業者は「君主に対する義務と国益に反することは印刷しない」ことを宣誓させられた。内務省に新設された印刷・書籍総監局（Direction générale de l'imprimerie et de la librairie）が事前検閲と事後検閲を担った。並行して、警察もまた独自に活動し、書籍の押収を実施している。ただし、ナポレオンは新聞と比較して、書籍の検閲に対しては慎重な態度を保持していたことは指摘しておかなければならない。もっとも、帝政期を通じて、検閲と世論の指導が段階的に強化されていったことは確かである。

ボナパルト将軍のイメージが統一される

視覚芸術におけるナポレオンのプロパガンダ戦略については、フランス革命期の表象を専門とするアニー・ジュールダンの研究が詳しいので、以下では彼女の議論を参考にしながら、絵画、彫像、モニュメントにおいて、ナポレオンの権力がどのように表象されたかを検討してみよう。

一七九六年のロディでの勝利の後、芸術家たちは英雄の登場に歓喜し、若き将軍ボナパルトの肖像画を自発的に制作していく。アッピアーニやグロがその代表格で、巨匠ダヴィドでさえパリにいながら、ロディの勝利を主題にした油彩画の制作を計画するほどであった。このように、多くの画家たちがイタリアを征服したフランス共和国の将軍の肖像画を描こうとしたのだが、その際、ナポレオンは厳格な顔つきをした人物として描かれ、本人に似ているかどうかはあまり問題とはされなかった（図7）。

一七九八年頃になってようやく本人との類似性が重視されるようになり、アッピアーニらの作品がボナパルト将軍像の「モデル」として認められていった。これらの絵画では、基本的にサーベルを握って立ち上がる将軍が半身像か四分の三身像で描かれた。共和国軍の軍服をまとい、風になびく長髪、痩《や》せた顔立ち、わし鼻、そして鋭い輪郭といった身体的特徴が、その人物がナポレオンであることを鮮明に示した。

また、グロの『アルコレ橋のボナパルト将軍』に典型的にみられるように、それらの絵画では、しばしばナポレオンが腕を上げて兵士を鼓舞する身振りが描かれ、ダイナミズムの効果を高めた。

ダヴィドが一八〇一年に制作した『サン・ベルナール峠を越えるボナパルト』（図8）では、ケープが舞うほどの強風の中、急峻《きゅうしゅん》な坂で馬を後脚で立たせる勇壮なナポレオンの姿が鮮烈に描き出されている。戦士の大胆さを強調したこの作品をナポレオンはとくに気に入ったようで、その後、同様の絵を何枚も注文し、一つはマルメゾン宮に、もう一つはアンヴァリッド（廃兵院）に飾っている。そのうえ、多くの複製版画が出回り、ゴブラン織のタピスリーでも描かれたので、当時から、多くの人々がこの作品を目にすることができた。

「戦士」から「国家元首」へ

一方で、第一統領に就任した後、ナポレオンの表象にはある大きな変化が生じた。ブリュメール一八日までのナポレオンは、長髪をなびかせることで、どこか若さと野性味を残した将軍として描かれてきた。しかし、今や彼は共和国の元首である。ナポレオンは洗練された「大人」にならなければならなかった。

図７　ジャン＝ユルバン・ゲラン『ブオナパルテ』（1798年）

その必要を意識して、ナポレオンがまず取り掛かったのが、髪型を変えることであった。それまでの長髪をばっさり切って、ティトゥス風の短髪スタイルを採用したのである（図９）。パリで流行した古代ローマ風の髪型を取り入れたことで、第一統領ナポレオンと、髪型の名前の由来となったティトゥスの父であり、ローマ

図８　ジャック＝ルイ・ダヴィド『サン・ベルナール峠を越えるボナパルト』（1801 年）
東京富士美術館蔵「東京富士美術館収蔵品データベース」収録

図9　アントワーヌ＝ジャン・グロ『第一統領ボナパルト』（1802年）

共和政の初代統領ユニウス・ブルトゥスとの類似性を声高に叫ぶ、多くのナポレオン崇拝者が現れることになった。要するに、ナポレオンは髪型を変えたことで、「戦士」から「国家元首」へとイメージチェンジに成功したのである。

事実、一八〇二年以来、戦場を描く絵画の中で、ナポレオンが武器を手に取ることはなくなっていく。戦闘シーンが消えたわけではないが、ナポレオンは常に平静を保ち、戦争の成り行きを見通し、何よりもまず兵士の命に気を配り、労《いた》わる国家元首として描かれた（図10）。もう少し後になると、被征服民に対しても寛大な態度を示す、「平和の使者」としてのナポレオン像もまた主題としてよく取り上げられるようになる（図11）。いずれにしても、国家元首たるナポレオンはもはや兵士の先頭に立ち、命を賭《と》して戦闘に飛び込むような危険を冒してはならなかったのである。こうして、ナポレオンの肖像画からかつてのダイナミズムは失われていった。

皇帝に即位した後、ナポレオンは新王朝（第四王朝）を正統化するために、フランスの歴代王朝の象徴をかき集め、自身の新たな肖像を作り出していく。すなわち、第一王朝（メロヴィング朝）からは蜜蜂《みつばち》が、第二王朝（カロリング朝）からは翼を広げた鷲《わし》や王杖《おうじょう》などが、そして第三王朝（カペー朝）からはオコジョの毛皮が借用された。月桂冠《げっけいかん》と緋色《ひいろ》の衣装は古代ローマ皇帝を想起させるものであった（図12）。第四王朝を正統化すべく、使えるものは何でも使おうとするその態度からは、フランス共和国の皇帝であるにもかかわらず、ヨーロッパの王族の血が流れていないことへのコンプレックスと、王朝の正統化への強迫観念を感じ取ることができる。

そのため、ナポレオンはヨーロッパ大陸の覇権を握ると、列強の君主たちに対して、支配者というよりも対等な君主として会合に臨む様子を画家たちに描かせた。たとえば、ティルジットでプロイセン王妃を迎え入れる光景や、神聖ローマ皇帝フランツ二世との出会い、ロシア皇帝アレクサンドルと議論する姿が描かれている。

机に向かうナポレオン像

ナポレオンのコンプレックスを解消したのは、オーストリア皇女マリー・ルイーズとの結婚である。これにより、ナポレオンはヨーロッパの王族たちの仲間入りを果たしたことに安堵《あんど》した。王族の血を引いた息子（ローマ王）の誕生は二つの帝国の結合の賜物《たまもの》であり、第四王朝の正統性が確固たるものになったとナポレオンに感じさせた。

その余裕は絵画でもよく表れている。たとえば、一八一二年にアレクサンドル・マンジ

図10　アントワーヌ＝ジャン・グロ『ヤッファでペスト患者を見舞うナポレオン』（1804年）
パリ美術館提供

図11　シャルル・メニエ『ナポレオンのベルリン入城』（1810年）

図 12　フランソワ・ジェラール『聖別式の衣装を纏った皇帝ナポレオン』（1805 年）
アムステルダム国立美術館提供

ヨが制作した『昼食時にローマ王と遊ぶナポレオン』では、国家元首の威厳は微塵《みじん》もなく、愛する息子を前に微笑みをこぼす等身大のナポレオンが描かれており、皇帝の正装時の重々しい姿とのギャップに、見ている方もつい笑みがこぼれてしまう作品になっている（図13）。国家元首が微笑みを見せ、父親の優しさを示すこれらの絵画は、君主像の新たなジャンル、すなわち極めて近代的な君主像を作り出すことになった。

新たな君主像は、ナポレオンがあくまでフランス国民に選ばれた「共和国の皇帝」であることを示し続けようとした産物でもあった。ナポレオンの治世下において、戦場の絵画は描き続けられたが、一八〇二年以降、現在ではお馴染《なじ》みの二角帽子と灰色のフロックコートを着たナポレオンが描かれ始め、派手な装飾を施した軍服姿の将軍たちとのコントラストが際立った。

素朴な服装をして兵士たちの輪に入り、彼らと食事を共にしたナポレオンが、兵士たちから親しみを込めて「ちび伍長」と呼ばれたことはよく知られている。そうした彼の親しみやすさを示す絵画として、兵士の水筒で水を飲む皇帝や、兵士から渡されたジャガイモを受け取る皇帝を描いた民衆向けの版画が普及したことで、親しみやすい皇帝像が軍隊を越えて、国民全体に広まっていった。

　最後に、国民が期待する「共和国の皇帝」像を具現した絵画作品として、書斎で仕事に勤《いそ》しむナポレオンがしばしば描かれたことを指摘しておこう。たとえば、一八〇九年にロベール・ルフェーヴルによって制作されたナポレオンの肖像画では、机の上に燃え尽きようとしている蠟燭《ろうそく》が描かれており、深夜遅くまで（あるいは朝方まで）、国家元首であるナポレオンが身を粉《こ》にして、フランス国民のために仕事に取り組んでいる姿が示されている（図14）。我が身を顧みず国家・国民に奉仕する政治家の姿勢こそ、まさに国民が革命以後の君主、すなわち国民によって選ばれた「共和国の皇帝」に期待することであった。

　なお、この当時、絵画は限られた公衆しか観覧できず、プロパガンダとしては効力が弱かったのではないかと思われるかもしれないが、必ずしもそうではない。ジャン＝ポール・ベルトーによれば、パリでは毎週土曜日と日曜日にサロン（美術展）が開かれて、絵画作品が展示され、すべての階層の人々に無料で開放された。そのため、サロンは連日多くの人で賑《にぎ》わった。具体的な入場者数の記録は残されていないが、展示作品のカタログの販売数は一七九九年から一八一〇年にかけて九二三〇部から三万二四五九部へと急増しており、帝政期に入場者数が着実に増加していったことがよくわかる。富裕層もまた「金曜日の特別パス」を購入できたので、サロンは社交の場ともなり得た。

図13　アレクサンドル・マンジョ『昼食時にローマ王と遊ぶナポレオン』（1812年）

図 14　ロベール・ルフェーヴル『ナポレオン 1 世の肖像画』（1809 年）
パリ美術館提供

そのうえ、ナポレオン時代には文芸の批評空間が拡大し、サロンに特化した出版物が登場して、展示された絵画や彫像についての批評がなされた。また、現物を見ずとも絵画を購入できるように、絵画販売店ではサロンで最も注目された絵画の複製版画が客に提示され、作品集（カタログ）も販売されたので、パリだけでなく、地方の人々も著名な絵画に触れることができた。複製版画は人気を呼び、地方にまで流通した。早くから地方の公的機関ではナポレオンの肖像画が飾られたり、祭典時には、行列の通り道の壁にナポレオンの肖像画が貼られたりしたことなども併せて考えれば、多くの国民がナポレオンの肖像画を目にする機会があったことは間違いない。

裸体像は日の目を見なかった

ナポレオンの彫像もまた、基本的に絵画と同じ変化をたどった。第一次イタリア遠征以来、彫刻家たちは、髪が乱れ、頬がこけた将軍の彫像を制作していた。セーヴル焼きの工場では、ナポレオンをイメージした素焼きの半身像三八五体と一二四二個のメダイヨンが製作され、販売して利益を上げている。

ナポレオンが第一統領に就任すると、絵画と同じく、ティトゥス風の髪型が効力を発揮して、古代風の彫像が好んで作られるようになる。実際、すぐ後述するカルーゼル門の屋上には、古代ローマ風の長い丈のチュニックを着用したナポレオン像の設置が構想されていたし、一八一〇年に建立されたヴァンドームの円柱の頂上に設置されたナポレオン像は、短い丈のチュニックを着用していた。

だが実は、ナポレオンは生存中に自身の彫像が制作されることを望んではいなかった。彼にとって彫像は本来、故人に捧《ささ》げられるべきものであった。確かに、議会やフランス学士院や宮廷の建物内に彼の大理石像が設置されることには反対しなかったが、公共の広場に彫像が置かれることは望まなかったのである。

このように彫像嫌いのナポレオンであったが、著名なイタリア人彫刻家アントニオ・カノーヴァが自身の彫像の制作を引き受けたことは、彼を大いに喜ばせた。実際、ナポレオンはパリに来たカノーヴァに対して、五回もポーズをとったと言われている。ところが、完成した作品の彫像は裸体であり、これをみたナポレオンは激怒した。新古典主義者のカノーヴァにとって、裸体こそ理想的な美を体現するものであったし、ナポレオン体制の芸術政策を統括したドミニク゠ヴィヴァン・ドノンもまた裸体像を擁護したのだが、ナポレオンは自身が裸体で表現された彫像が人目に触れることを拒み、倉庫の奥にしまわせてしまったのである。

モニュメントによって人気をコントロール

ナポレオンのモニュメント政策については、フランス近現代史を専門とする杉本淑彦《すぎもとよしひこ》が丁寧に論じているので、ここでは以下軽く触れるにとどめたい。

革命の継承者を自認するナポレオンは第一統領に就任すると、まず手始めに共和国のために戦死した軍人たちの追悼モニュメントの建設に取り掛かった。

早くも一八〇〇年九月には、パリのヴィクトワール広場で、マレンゴの戦いで戦死したドゼー将軍とエジプトで暗殺されたクレベール将軍に捧げられるモニュメントの建設が決定された。ここでは、ドゼーとクレベールを結びつけ、同時に記念している点が重要である。というのは実は、マレンゴの勝利はドゼー将軍に負うところが多く、彼は国民からも人気が高かった。ゆえに、ドゼー将軍のみを追悼すれば、ナポレオンの存在が霞《かす》みかねない。そこでナポレオンは、自身の指揮下でエジプト遠征に帯同した二人の将軍を同時に記念することを考え出したのである。

その後、エジプト遠征から無断で離脱したナポレオンを非難したクレベール将軍は早々に計画から除外された。そのうえ、ドゼー将軍の彫像が一八一〇年にようやく完成すると、当初の予定を変更し、彫像はパリの中心から離れたイエナ橋に設置されることになった。

ナポレオンはアウステルリッツの勝利の後、彼の軍事的栄光を記念すべく、凱旋門の建設に乗り出した。テュイルリー宮殿の正面入り口に、一八〇六年七月からカルーゼル門の建設が始まり、一八〇八年に大部分が完成した。屋上には、イタリア遠征の略奪品である四頭立ての二輪馬車が設置された。しかし、カルーゼル門は比較的規模が小さく、ナポレオンの期待に応《こた》えるものではなかった。そこで一八〇八年に新たな凱旋門として、エトワール凱旋門の建設が決定されたが計画は進まず、結局、完成したのは七月王政下の一八三六年のことである。

インフラ整備が「永遠の栄光」をもたらす

エジプト遠征の最中、ナポレオンはアレクサンドリアにおいて、ディオクレティアヌス帝によって建立され、誤って「ポンペイウスの円柱」と名付けられた円柱を目にしたことがあった。

そこからインスピレーションを受けた彼は、第一統領の座に就くと、戦死した共和国軍の兵士を追悼するために、フランス全国の県庁所在地に兵士追悼の円柱を建設するという壮大な計画を命じた。だが予算が厳しく、一八〇二年に計画は放棄され、代わりにヴァンドーム広場に円柱を建設する計画が立てられる。当初、円柱の頂上には、かつて西ヨーロッパの大部分を統一したシャルルマーニュ（カール大帝）の彫像が計画されたが、内務大臣のシャンパニーやフランス学士院は、ナポレオンの像が設置されるべきであると主張した。

月日が流れ、一八〇六年になると、アウステルリッツの勝利を祝うために、改めて円柱の建設計画が持ち上がり、アウステルリッツで奪った敵軍の大砲を材料に用いることが決められる。ナポレオンは最後まで自身の彫像が設置されることについては明言を避けたが、一八一〇年八月一五日に完成した円柱の頂上には、金の月桂冠をかぶり、古代ローマ風の短いチュニックを着用し、左手に勝利の女神像、右手に大振りの剣を持った立派な彫像が設置された。

ナポレオンが同じくエジプト遠征中に目にしたのが、古代エジプトで建設されたオベリスクだった。一八〇九年、彼はついにポン＝ヌフの中央部にオベリスクの建立を決意する。しかし、計画では、高さ六〇メートルにものぼる壮大なモニュメントとなるはずであった。

一八一四年にようやく基壇ができあがり、王政復古下においてこの場所にアンリ四世の騎馬像の建立が決定されたので、オベリスクの建設の夢は消滅した。

結局のところ、予算不足もあり、巨大ピラミッドの建設計画も、エジプト風の神殿の建設計画も実現することはなかった。当然、戦局の悪化が予算不足を引き起こしたわけだが、ナポレオンが国民の負担を考慮していた点も指摘しておかなければならない。自身の権力と栄光を誇示するために国民の負担を顧みず、モニュメント建設を強行すれば、「独裁者」として非難されることは免れない。彼はそのような批判を受けることがないよう、計画の可否を慎重に見極めていたのである。

むしろナポレオンにとって、壮大なモニュメント以上に重要であったのが、公的有用性を備えるインフラ（道路、港、運河、市場、給水所など）の整備であった。それこそが彼にとって、「永遠の栄光」をもたらす大事業であり、国民の繁栄を証明するものに他ならなかった。フランス国民が「共和国の皇帝」に対して何よりも、生活の豊かさと便利さを熱望していたことを、ナポレオンはよく理解していたのである。

聖別式を利用した皇帝

ナポレオンのプロパガンダ戦略は、出版物や視覚芸術を介してのみ行われたわけではない。この時期、国家によって催された国民祭典もまた、権力を演出し、人心を掌握するための重要な手段であった。

新体制の発足後、ナポレオンはまず王党派を体制に迎合させるべく、ルイ一六世の死を祝う一月二一日の共和国の祭典を廃止した。一方で、革命の継承者であることを国民に示すために、革命の勃発《ぼっぱつ》を記念した七月一四日と共和国の創設記念日であるヴァンデミエール一日(九月二二~二四日で年によって異なる)を国民祭典の日として残した。しかし、一八〇二年以降、パリではこれらの祭典は急速に活気を失い、地方でも次第に催されなくなっていく。結局、一八〇四年にナポレオンが皇帝になると、とくに強い反対もなく、それらの廃止が決定された。

祭典のあり方に大きな変化が生じたのは、コンコルダの締結後の一八〇二年である。この年から、それまで世俗的で共和主義的であった祭典が、宗教的(キリスト教的)な祭典によって置き換えられていった。

その転換をよく示すのが一八〇二年四月一八日の祭典だ。復活祭の日に、イギリスとのアミアンの和約とコンコルダの布告を同時に祝うために、パリのノートルダム大聖堂で大規模な宗教セレモニーが組織されたのである。対外平和と宗教平和を同時に祝うことで、ナポレオンは両者を実現した「平和の使者」として、国民の前に姿を現すことができた。宗教セレモニーの挙行に国民が歓喜するのを確認したナポレオンは、その後、宗教儀礼を国民祭典に導入しようと乗り出していく。

ナポレオンの権力とキリスト教会の結びつきをこれ以上ない形で示したのが、一八〇四年一二月二日に挙行された皇帝ナポレオンの聖別式だ。聖別式とは、教皇が塗油を通じて地上の支配の正統性（とりわけカトリック信徒に対するそれ）を与えること、すなわち帝政に対する教会と信徒の支持を取り付けることを目指すものであった。

ただし、フランス革命の継承者であるナポレオンは、旧体制期に執り行われてきた聖別式の伝統的な儀礼をそのまま採用することを望まなかった。この点については、一九世紀フランス史の専門家である上垣豊《うえがきゆたか》の最新研究が詳しく論じている。ナポレオンは聖別式を利用し、宗教的な荘厳さによって、新しい王朝の基礎を確かにすることを望んでいたが、パリのノートルダム大聖堂で、教皇を招いて聖別式を挙行することについては、国務参事院から強い反発を受けた。これに対して、ナポレオンは自身の主張を押し通したものの、聖別式は伝統的な儀礼とは異なる形で行われることになった。

上垣によれば、ナポレオンの聖別式は次の点で伝統的な聖別式と異なっていた。第一に、塗油と戴冠《たいかん》の儀式が終わり、教皇が退席した後に、立憲的宣誓の儀式がまったく別個の非宗教的な儀式として執り行われた。第二に、ナポレオンが必要以上に教皇に対して卑屈な姿勢を取らないように配慮がなされた。たとえば、カペー朝以来、国王は王冠をかぶらずに、二人の司教によって聖別式を主宰する高位聖職者の席まで導かれるのが慣例であったが、ナポレオンは一人で祭壇の前まで進み出た。また塗油式では、皇帝は祭壇の前で平伏するというような過度に卑屈な態度はとらなかった。第三に、ナポレオンは自らの手で戴冠し、ジョゼフィーヌの頭に王冠を載せたのも皇帝自身であった。これは、革命の原理によって、国民から選ばれてすでに正統な皇帝になっているので、教皇から王冠を受ける必要はなく、自分で戴冠するのが当然であるという理由からであった。

なお、上垣は聖別式が民衆の心を捉《とら》えることができず、パリ民衆は冷淡であったと結論しているが、この評価は留保が必要である。というのは、プティトによれば、聖別式の公式報告書は、行列の道中で何度も万歳が叫ばれたとして群衆の熱狂を伝えていたし、警察の報告書も、聖別式後に行われた諸祭典での民衆の熱狂に言及しているからである。ジュールダンもまた、確かにノートルダム大聖堂に一般市民が入場することはできなかったが、四輪馬車の中にいる皇帝を一目見ようと群衆が駆けつけたことを指摘している。とはいえ、当然のことながら、パリよりも敬虔《けいけん》なカトリック信徒の多い地方においてこそ、聖別式の挙行が効果を発揮し、人々の熱狂を掻《か》き立てたことは想像に難くない。

ナポレオン崇拝が制度化される

聖別式の挙行以降、国民祭典と宗教儀礼は再び密接な関係を築いた。その結果、祭典における行列の行程にも変化がみられた。フランス革命期の祭典研究を牽引《けんいん》する竹中幸史《たけなかこうじ》が革命期のルーアン市における祭典行列の行程の変化を入念に跡付けているが、実は、ナポレオン時代においても、地方の祭典時の行列の行程には引き続き変化がみられた。

一八〇四年までは革命祭典と同じく、自由広場や平等広場といった革命の原理を象徴する場所が行列によってたどられていたのだが、それ以降、とくに一八〇六年を境に、そうした革命を想起する場所を行列が通過することは激減していく。逆に、多くの人が行進できるように、市庁舎などから教会へ向かう大通りが好んで選ばれたので、行程の象徴性は次第に失われていった。

帝政下の主要な祭典は、八月一五日の祭典（君主の祭典）と一二月二日の祭典（帝政の創設記念日）である。八月一五日はナポレオンの誕生日であり、かつ、聖母被昇天祭の日でもあった。そのため一八〇二年以来、この日が慣例的に祝われてきたのだが、一八〇六年二月一九日法令により、「聖ナポレオンの祭典とフランスにおけるカトリック再建の祭典は、毎年八月一五日、すなわち聖母被昇天祭の日であり、コンコルダの締結時期に、帝国全土で祝われなければならない」と定められ、国民祭典として制度化された。

すべての市町村で催されたこの祭典には、行政当局、司法当局、軍事当局の関係者が出席した。祭典行列の前には司祭が演説し、行列後には、教会で皇帝の誕生を祝い、神への感謝を祈るためにテデウムが歌われることとなる。ちなみに「聖ナポレオン」とは、ナポレオンが自分だけの守護聖人として「発見」させた根拠薄弱な聖人であり、ナポレオンはこの人物を口実に八月一五日を祝日と定め、祭典に組み込んだのである。その後、皇帝自身が国民から「聖人」扱いされるようになると、次第に「聖ナポレオン」は前面に押し出されなくなっていった。

同じく一八〇六年には、皇帝崇拝に聖職者を動員すべく、帝国カテキズム（教理問答書）が制定された。これはカトリック教会が教義や道徳を子どもに教え込むために用いる問答形式の教科書であり、たとえば、「私たち〔キリスト教徒〕は、私たちの皇帝ナポレオン一世に対して、愛、尊敬、服従、忠誠、軍事奉仕、国家と玉座を保持し、守るために命じられる義務〔貢物〕を果たさなければなりません」というような文言を、子どもたちに暗唱させている。

このように一八〇六年以降、ナポレオン崇拝は制度化され、聖職者は体制支持へと動員されていく。聖職者は日曜日のミサで皇帝に対する祈りを捧げた。信徒に対しては、対外戦争は新たな十字軍であり、徴兵に応じることは神聖な義務であると説いた。高位聖職者は帝政を一貫して支持した。下級聖職者の中には反発の声もみられたが、ほとんどは、国家と皇帝のために、信徒を説得する任務を積極的に担った。主任司祭たちはミサの後、教区民がわかるように地域の方言を用いて『大陸軍報』を読み上げることで、戦争に対する彼らの熱狂を掻き立てたのである。

なお、公認宗教体制のもと、プロテスタントとユダヤ教徒もまた、帝政を積極的に支持したことを指摘しておかなければならない。プロテスタントにとって、ナポレオンは自由と平等をもたらした「偉大な君主」であり、「神に祝福された」存在であった。そのため、彼らは大陸軍の勝利を祝うためにテデウムやナポレオンの栄光を讃える頌歌《しょうか》を歌った。一八〇八年にユダヤ教が公認されると、ラビたち（ユダヤ教の指導者）もまた、君主の栄光と勝利を祈るようになった。

ゲーム、花火、パンと肉

コンコルダの締結以来、聖職者の協力のもと、国民祭典の宗教的性格は強まった。しかし、聖職者の説教ばかりでは、祭典が多くの国民に魅力的なものになるはずはない。革命祭典でみられた民衆的性格（民衆の自発性・即興性）が剝ぎ取られた祭典が国民を惹《ひ》きつけるには、娯楽の提供が不可欠であった。

たとえば、南仏ヴァール県のある町では、八月一五日の祭典の前夜には、かがり火が灯《とも》され、通りの建物がイリュミネーションで照らされた。当日には、行列とミサの後、午後に舞踏会が開かれ、夜には競走、槍《やり》試合、柱登りなどのゲームが行われた。スイス国境のアン県の市町村では花火が打ち上げられ、競泳も実施された。裕福な都市では気球が打ち上げられることもあり、多くの市民が空を見上げて、帝政とフランス文明の偉大さを感じ取った。また、一八一〇年からは祭日に劇場が無料で開放される場合もみられ、多くの民衆でごった返した。そのうえ、祭典の日には貧民に対してパンや肉の配給も行われたので、慈愛に満ちた君主像が民衆の心に刻まれることになった。

祭典の主役は男性ばかりではなかった。祭典では女性もまた、体制を支持していることが強調された。ただし、民法典で規定された女性像に基づいて、「良妻賢母」としてのアイデンティティが前面に押し出された。とりわけ象徴的なのが、退役軍人と若い有徳の娘の結婚式である。ナポレオンとマリー・ルイーズの結婚を契機として、一八一〇年以降、毎年ナポレオンの結婚記念日には、退役軍人と若い娘の結婚式が各市町村で執り行われることになる。結婚する若い娘には、ナポレオンの命令で六〇〇フランの持参金が与えられた。持参金は労働者の一年以上の給料に相当したので、退役軍人にとっても「魅力的」な花嫁であった。

結婚式では、まず国民衛兵の分遣隊が音楽隊を伴いながら将来の夫婦の家を訪れ、彼らを町の中心に向けてエスコートする。行列は最初に市庁舎に向かい、そこで市長が夫婦に対して祝福の演説をした。民事婚が成立すると、次に夫婦は教会で結婚式を行った。それが終わると、夫婦は再び市庁舎に赴き、約束の持参金を受け取ると、音楽や祝砲が彼らの結婚を盛大に祝った。

ナポレオン時代の国民祭典は、国家主導のもと、詳細なプログラムに則《のっと》って執り行われたので、革命祭典のような民衆の自発性や即興性は失われた。しかしその分、意識的に娯楽を提供し、パンや肉を配給するなどして多くの参加者を集め、祭典を盛り上げるのに成功した。老若男女、富める者から貧しい者まで、皆が楽しめる祭典が組織されたのであり、ゆえに、祭典は国民の体制支持を強化し、反ナポレオン感情の盛り上がりを抑止するのに有効に機能し得たのである。

演劇の熱狂とリスク

ナポレオン時代の祭典ではしばしば演劇が上演された。祭典と演劇の結びつきはそれ以前から確認されるものであり、革命期には、舞台上で共和国の徳が称揚されることで、演劇は公民教育の役割を果たしていた。帝政期には、演劇は祭典とともに、ナポレオンのプロパガンダの特権的な道具になった。

演劇好きのナポレオンは早くからその重要性を認識していたが、彼はその「芸術性」にも理解を示しており、劇場で上演されるプログラムがすべてプロパガンダ作品で埋められることは望んでいなかった。

実際、統領政府期から帝政期にかけて、諸県の劇場でプログラムに掲載された演目のうち、英雄ボナパルト将軍や皇帝ナポレオンの栄光を直接に扱う作品はせいぜい三%にすぎない。また、ナポレオン自身は喜劇を卑しいジャンルとして好まなかったが、娯楽を求める民衆に配慮して、多くの民衆向けの喜劇が上演されるのにも目をつぶった。そのためオーヴェルニュ地方では、一八〇〇年から一八一五年にかけて演じられた演目のうち、喜劇が五六%を占めたのに対し、悲劇は一二%でしかなかったのである。

近年、フランス革命・ナポレオン時代の演劇に対する歴史家の関心が高まりをみせている。ナポレオン時代の演劇については、とくに地方劇場の実態を明らかにしたシリル・トリオレールの研究が詳しいので、ここでは彼の研究に基づきながら、ナポレオンの演劇政策の特徴を概観してみよう。

革命以来、劇場は権力の側からすれば、常にリスクの高い空間であった。上演中に観客の言葉が飛び交い、演者には口笛や野次が浴びせられ、俳優の台詞《せりふ》一つで会場の雰囲気が一変した。劇場は興奮した観客によって政治的意見や権力批判が表明される場になり得たのである。

ナポレオン体制にとって、演劇とは、熱狂を掻き立てることで国民の支持を取り付けるものでなければならなかった。しかし一方で、コントロール不能の無秩序を引き起こすことなどあってはならなかった。そのため帝政期には演劇は検閲の対象となり、劇場には警察の席が用意されて、とくに騒がしく興奮しがちな一階の立ち見席の観客が注意深く監視された。

並行してこの頃から、行政官らは建築家と相談しながら立ち見席をなくし、すべての観客が座席に座って、観劇できるように試みていった。これにより、観客は興奮しすぎることなく作品を見ることができた。また帝政期には、演劇の上演前に『大陸軍報』が読み上げられるのが一般的であったが、読み上げの声がすべての観客に届くようになった。むろん、すぐにすべての劇場で立ち見席が廃止されたわけではないが、その後、一九世紀を通じて、演劇は座席に座って静かに礼儀正しく楽しむものに変わっていく。

植民地に満足しない強欲なイギリス像

ナポレオンの演劇政策の転換は一八〇六年に生じる。革命以来、各地で増加したアマチュア劇団と劇場の数を削減するために、一八〇六年六月八日法令によって劇場の数を減らし、諸県で活動できる劇団の数を規制したのである。それ以降、巡業劇団は内務大臣の許可がなければ活動できず、大都市には二つの劇場、それ以外の都市には一つの劇場しか許可されなくなった。このようにして、すべての劇場と劇団を統制下においた政府は、以前よりも積極的に劇場でのプロパガンダに乗り出し、大陸軍の勝利と皇帝の栄光を直接・間接に演出する作品をプログラムに滑り込ませていった。

なお、劇場でのナポレオンに対する熱狂は、すでに総裁政府期からみられたものである。総裁政府期には、舞台で幕が上がる前に、ナポレオンの軍事的功績が献辞や頌歌によって讃えられたし、カンポ゠フォルミオの和約の締結時には、それを祝って、平和にちなんだ作品が上演された。クレルモン゠フェランでは、ブリュメール一八日のクーデタが劇場で祝われ、立ち見席から叫び声が上がり、『ラ・ボナパルト』と名付けられたコントルダンスの曲が演奏された。

マレンゴの勝利以降、ボルドー、リヨン、グルノーブル、ルーアンといった主要都市で、「平和の使者」を描く様々な作品が上演された。ナポレオンが「戦士」から「国家元首」へと脱皮すると、アンリ四世を筆頭に、カエサルやアウグストゥスを主題とした作品が上演され、観客は歴史上の人物を通して、ナポレオンのイメージを作り上げていった。一八〇七年のフリートラントの勝利の後には、各地でまさにその戦闘を主題とした作品（『フリートラントにおけるフランス人』『フリートラントの戦い』など）が上演される。同様に

『トラヤヌスの勝利』も上演され、古代ローマ帝国の最大の版図を広げたトラヤヌス帝とヨーロッパ大陸の覇権を握ったナポレオンが暗黙の裡《うち》に類比された。帝政の末期には、国際状況の変化によって、上演が禁止される作品も現れ始めた。たとえば、一八一二年にスウェーデンがフランスと敵対すると、同国を描く作品の上演は禁止された。またロシアとの戦争が始まると、ロシアの君主に好意的な台詞を含む作品なども上演が延期されたし、スペイン戦争が泥沼化すると、演劇の中でイベリア半島での戦争に言及することは固く禁じられた。

戦争が長引くと、より好戦的なプロパガンダ作品が作られ、観客の人気を博していく。とくに対イギリス・プロパガンダの重要性は、演劇に限らずあらゆる媒体において、明らかである。

ベルトーは、ナポレオン時代に多くの知識人や歴史家、風刺文の作者たちが好戦的プロパガンダに協力したことを強調している。プロパガンダ作品によれば、一八〇三年のアミアンの和約の破棄と一八〇五年の第三次対仏大同盟の結成はイギリスの策謀から生じたものであった。それらは、イギリス人がスコットランド、アイルランド、カナダ、インドを征服した後、ヨーロッパ大陸を植民地化しようとしていると声高に主張した。そして、

「悪の帝国」、「新たなカルタゴ」であるイギリスと戦い、ヨーロッパ大陸を守ることが、大陸で覇権を握るナポレオンの役目であるとして戦争を正当化したのである。

対イギリス・プロパガンダにおいて、よく描かれたのが強欲なイギリス商人のイメージだ。一八世紀の後半から、イギリス商人は海上交易においてあまりにも強欲な態度を示してきたとされた。大西洋から北海《ほっかい》まで、地中海からインド洋まで、イギリスは諸国民の商業を破壊し、産業を衰退させたと強く非難された。ナポレオンは、「アジアと巨大な植民地との交易だけでは、もはやイギリス人の野心を満たすのに十分ではない。すべての海がイギリスの独占的な支配に従属しなければならないと、彼らは考えているのだ」と批判し、自らをイギリスと戦うヨーロッパ諸国の「守護者」になぞらえた。

ジャンヌ・ダルクに重ね合わせられる

こうした状況下において、演劇では、かつてブリテン島を征服した「フランス人」のウィリアム征服王や、イギリス軍から祖国フランスを守り抜いたジャンヌ・ダルクが好んで上演されるようになる。たとえば、デュラフォワとジェルサン制作の『ジャンヌ・ダルクオルレアンの包囲』では、ジャンヌ・ダルクがシャルル七世に対して、フランス王国からイギリス人を追い出すことを誓うシーンが演じられた。本作では、その後、彼女がオルレアンの市民に囲まれながら、椅子でまどろむ場面が演じられたのだが、そのシーンは一八一一年のサロンで展示され、注目を集めたアドルフ・ロアンの絵画『ワグラムで野営するボナパルト』の美しい光景を思い出させるものであった（図15）。ここで、観客は絵画と演劇を通して、ナポレオンとジャンヌ・ダルクを重ね合わせ、先祖代々の敵国イギリスに対する抗戦意識を高めたのである。

劇場では喜劇が好んで上演されたことはすでにみた通りだが、ナポレオン時代には、イギリスを風刺した喜劇作品が多数上演された。作品の中でイギリス人は暴力的な兵士、馬鹿な貿易商、センスのないとんまとして表現され、善良で勇敢なフランス軍人と対比された。一八〇四年に上演されたティッソとマルタンヴィル作『白鳥の島のビール製造業者』はその代表作である。内容は次のようなものだ。

白鳥の島のビール製造業者であるジョルジュは、アミアンのオレンジ商人の娘マルトを誘拐した。怒りに激しく燃え上がる武具職人の軍人フランソワは、悲しみを耐え忍ぶ住民に対して武器をとるよう説得し、住民たちはマルトを解放すべく船に乗ることを決意する。結果、彼らはマルトの解放に成功し、ジョルジュを捕まえて、島内の彼の居住地を指定し

図15　アドルフ・ロアン『ワグラムで野営するボナパルト』（1810年）
(C)GrandPalaisRmn（Château de Versailles）/ Gérard Blot / distributed by AMF

た、という筋書きである。

白鳥の島は、イギリス王室が伝統的に白鳥の所有権を独占してきたことを皮肉って名付けられており、観客はその名前からすぐにイギリスが主題であると理解した。ジョルジュは国王ジョージ三世を連想させる。商人の娘マルトは、イギリス海軍が撤退しようとしないマルタ島を指し、イギリスが海上交易を独占的に支配しようとする態度が批判された。さらにフランソワ（＝フランス人）率いる住民が船で島に上陸していることからも、この作品がフランス軍によるイギリス上陸作戦の必要性を訴えるものであったことは明らかだ。

ナポレオンは、一方では劇場が反権力の場にならないように検閲や警察を用いて統制しつつ、他方では国民の支持を取り付けるために、国民の期待に応える皇帝像を国民に提供した。また、長引く戦争の正当化を図り、国民の抗戦意識を高める好戦的なプロパガンダとして、演劇を用いることも怠らなかった。

演劇は上流階級に限定された娯楽ではなかった。祭日には興行が催され、無料で開放された劇場には多くの民衆が殺到し、作品を楽しんだ。演劇はナポレオンの権力を盤石なものとするうえで、プロパガンダの道具として重要な役割を果たしたのである。

「共和国の皇帝」として、「守護者」として

ナポレオンによれば、「王権とは役であり、君主は常に舞台で役を演じなければならなかった」。その言葉の通り、ナポレオンは絵画、彫像、モニュメント、ジャーナリズム、祭典、演劇など、あらゆるメディアを用いて自らの権力を演出し、国民が期待する役割を演じようとした。むろん、この国民の熱狂のすべてが、プロパガンダの産物であったわけで

はない。総裁政府期のボナパルト将軍の時代から、芸術家たちはすでに自発的に共和国の英雄像を作り出し、国民の需要に応えていた。

一旦《いったん》権力の座に就くと、ナポレオンはこうした国民の熱を自身が抱く統治者像へと誘導していった。とくにプロパガンダ戦略において大きな転換の年となったのは一八〇六年である。この年から、凱旋門や円柱など、皇帝の栄光を祝うモニュメントが実際に建設され始めた。祭典では、革命期の行列の行程が用いられなくなり、宗教を動員した皇帝崇拝も強まっていった。

さらに演劇でも、劇場と劇団数を削減して規制しつつ、大陸軍の勝利と皇帝の栄光を演出する作品が好んで上演されるようになった。かつて筆者は、地方行政において、一八〇六年を境にナポレオンの統治に大きな変化がみられたと指摘したことがあるが（『ナポレオン時代の国家と社会　辺境からのまなざし』刀水書房、二〇一一年）、プロパガンダ戦略においても、一八〇六年に大きな転換がみられたことになる。

とはいえ、ナポレオンが自身の権力を誇示するために、誰の意見も聞かずに、自らの夢をひたすら追求していたと考えてはならない。彼は、モニュメント建設ではフォンテーヌ、美術ではドノンといった専門家の意見を尊重して、それらの制作を実現していった。そのうえ、ナポレオン自身は権力を誇示するような作品の制作に大金を用いるよりは、公的有用性を備えるインフラなど、国民の生活に直結する事業に予算を用いる方を望んでいた。ナポレオンは国民から選ばれた「共和国の皇帝」であることを常に自覚し、自らの行動を律しながら政策を遂行していたのである。

ナポレオンの権力を最も脅かす恐れがあったのは長引く戦争であった。ナポレオンは知識人や風刺文の作者たちを動員し、演劇も用いて、戦争の原因が海上交易を独占しようとするイギリスの強欲な態度にあることを国民に示そうとした。そして、自身はイギリスの商業支配に抗して、ヨーロッパ大陸の平和と秩序を守ろうとする「守護者」としての姿を見せようとした。結果、国民はナポレオン戦争を一世紀以上続く、英仏間の経済ヘゲモニー闘争の枠組みの中で理解することができた。

ナポレオンはフランス国内では「共和国の皇帝」として、ヨーロッパ大陸では「守護者」としての自己演出を絶やさなかった。こうした戦略は、フランス国民が彼を「独裁者」とみなす余地をほとんど与えなかったのである。

終章　「軍人＝独裁者」像の裏側

死後に読み替えられる

本書で見てきたように、ナポレオンは優れた政治家であり、彼の政治的手腕は疑う余地がない。しかし、ではなぜナポレオンの「政治家」としての側面はこれまであまり注目されずに、「軍人＝独裁者」というイメージに埋没してしまっていたのだろうか。

ナポレオン体制の崩壊後、フランス国内では大量の告発本が出回り、彼の「暗黒伝説」が瞬く間に流布していく。風刺画でよく描かれたのが兵士の命を容赦なく使い捨てる「人食い鬼」のイメージであり、ネロ帝などの歴史上の「暴君」とも同一視された。とくにイギリスの知識人らは、「ヨーロッパ全土の征服を目論《もくろ》んだ独裁者」としてナポレオンを糾弾し、シャトーブリアンを代表とするフランス国内の王党派もまた、「外国人」の「ブオナパルテ」の暴力志向と野心が一〇年以上も続く悲劇をフランスにもたらしたのだと言い立てた。

ところが、一八二一年にナポレオンがセント＝ヘレナ島で孤独のうちに亡くなると、世論の流れに大きな変化が生じる。彼の死とともに、ナポレオンの暗黒面は忘れ去られ、「黄金伝説」が再び支配的になったのである。その背景には、戦後、帰還した退役軍人たちが故郷で英雄談を語り広めた草の根のナポレオン神話が存在していたことを忘れてはならない。むろん、この神話の起源にはナポレオン主導のプロパガンダがあったことは言うまでもない。

さらに一八二三年には、ラス・カーズがセント＝ヘレナ島でナポレオンの口述を書き留めた『セント＝ヘレナ回想録』がパリで出版されて大反響を呼んだ。ナポレオンが口述筆記させた目的は、皇子によるボナパルト朝の再興だ。それゆえ、本作では自由と平等のために闘った「革命の継承者」としてのイメージが前面に打ち出されていた。事実、『セント＝ヘレナ回想録』においてナポレオンは、「独裁者」でも「人食い鬼」でもなく、国民の幸福を第一に考える「合理的で現実主義的な君主」として描かれている。

このように「革命の継承者」としてのナポレオン像が広まるにつれて、彼が実施した経済政策や制定した優れた法典・法律に焦点を当てた歴史書が執筆されるようになる。たとえば、ナポレオン時代に長らく県知事を務めたアントワーヌ・クレール・ティボドーは、同時代人の証言や回想録や行政文書などを用いてナポレオン帝政の歴史を描き出し、それが戦争話に還元できないことを実証的に示した。すなわち、この時代から徐々に、「暗黒伝説」によって消し去られてきたナポレオンの「政治家」としての側面が再び注目されるようになったのである。

民衆のナポレオン熱が高まりをみせる中、一八三〇年の七月革命によって成立した七月王政は、ナポレオン崇拝を利用して、政権の人気を高めようとした。一八三三年七月二八日には、復古王政下で破壊されていたナポレオン像をヴァンドームの円柱の頂上に戻している。ただし、この時皇帝の衣装から軍服姿に作り変えられている。一八三六年にはエトワール凱旋門《がいせんもん》が完成し、一八四〇年にはナポレオンの遺骸《いがい》がパリに帰還して、アンヴァリッドに安置された。フランス国民には栄光の時代を懐かしむ声が広がり、七月王政末期には、政治家で歴史家のアドルフ・ティエールが手稿史料に基づいて、「革命の救世主」としてのナポレオン像を描き出した。

ナショナリズムの投影として

ナポレオン熱は激しく燃え上がり、ついには七月王政そのものを飲み込んでいく。七月王政が瓦解《がかい》し、第二共和政の大統領に当選したのは、ナポレオン・ボナパルトの甥《おい》、ルイ＝ナポレオン・ボナパルトであった。当初、泡沫《ほうまつ》候補であったルイ＝ナポレオンは、草の根のナポレオン神話を背景に、圧倒的多数の票を獲得して大統領の座にのぼりつめる。それに飽き足らず、一八五一年一二月二日にクーデタを起こして帝政（第二帝政）を再建した。

このクーデタは多くの国民が望んだものではなかった。各地で激しい抵抗がみられ、軍隊の鎮圧によって三〇〇人以上が死亡し、三万人以上が逮捕されたのである。ルイ＝ナポレオンのクーデタに反対する声は、伯父《おじ》のナポレオン・ボナパルトが関わったブリュメール一八日に対する批判に直結し、第一帝政もまた第二帝政と同じく、皇帝の独裁支配体制であったとして糾弾された。その最も有名なルポルタージュがカール・マルクスの『ルイ・ボナパルトのブリュメール一八日』だ。それ以降、とくに共和派を中心として、「独裁者」としてのナポレオン像が確立し、「革命の継承者」像は再び後景に退くことになった。

一八七〇年、普仏戦争が勃発《ぼっぱつ》し、ナポレオン三世率いるフランス軍がセダンで大敗を喫すると、第二帝政はあえなく崩壊して第三共和政が成立する。第三共和政下で共和派が次第に支配を確立していくと、彼らは自らを「革命の継承者」として位置づけ、逆に、ナポレオンを「革命を裏切った独裁者」として批判した。

しかし一方で、共和派は彼を「フランスの栄光を体現する歴史上の人物」としても捉《とら》えていた。普仏戦争の敗北により、フランス国内ではナショナリズムが高まりをみせていた。

さらに一八八〇年代に植民地の争奪戦で英仏が衝突すると、イギリスと戦い続けた「軍人」ナポレオンは、国民のナショナリズムを投影するのに好材料な人物とみなされるようになる。たとえば、エルネスト・ラヴィスの歴史教科書は、ナポレオンの専制支配を批判する一方、ヨーロッパ大陸の覇権を握った皇帝の栄光を誇らしげに讃《たた》えてもいたのである。

このようにして「軍人＝独裁者」としてのナポレオン像が作り上げられていった。とくに「軍人」ナポレオンの栄光は、二つの世界大戦を通じて、フランス軍の戦意を高揚させるのに貢献した。二〇世紀前半のナポレオン研究において、軍事史（戦史）が大きな場所を占め続けたのはそのためである。その結果として、「軍人＝独裁者」としてのナポレオン像は、今なお多くの人々の記憶に深く刻まれている。

近代政治家の誕生

一方で、歴史学の世界では、歴史家ジャン・テュラールの登場によって大きな変化が生じていた。一九七〇年代から、テュラールは神話と現実を区別し、とくに行政の実態に注目することで、ナポレオン時代そのものを分析の対象に据えたのである。以降、歴史家たちはナポレオン個人から距離を置き、その時代の政治、行政、社会、経済、文化など、多様な分野を研究対象としていった。ナポレオン研究からナポレオン時代史への転換と言ってもよい。

さらに歴史学におけるマルクス主義の影響力が弱まると、とくにジャコバン独裁期に着眼していたフランス革命史家たちもまた、それ以降の時代に関心を向けるようになった。その結果、フランス革命とナポレオン時代の複雑な関係が知られるようになり、現在ではナポレオンを「革命の裏切り者」とみなして、フランス革命とナポレオン時代を単純に対置することは少なくなりつつある。本書が「軍人＝独裁者」像とは異なるナポレオンの「政治家」としての側面に注目してきたのは、こうした近年の研究の流れが背景にある。

一旦《いったん》、「軍人＝独裁者」という既成のイメージを排し、「政治家」としてのナポレオンの統治戦略に焦点を当ててみた時、浮かび上がってくるのは、現代でも通用する近代政治家としてのナポレオンの姿だ。

ナポレオンは共和国の国家元首として、国民投票を利用することで、国民の圧倒的支持を得ていることを大義名分に支配者としての地位を確固たるものにした。それにとどまらず、彼は国民自身が主権者であると感じ、政治家に代表されていると実感できるための選挙制度を整備した。事実上の任命制とはいえ、「男子普通選挙」が維持され、被選挙権が異なる二つの選挙人団が創設されて、定期的に選挙が行われた。さらに個別投票の導入により、多くの市民が投票できるようになった。

公職者の登用においても、ナポレオンは独自の情報網を駆使して地方住民の声を掬《すく》い取り、候補者が「住民の意向」に従うか見定めたうえで行政機関に配置していった。さらに登用後も、県知事や郡長には、舞踏会を催すなど「私的」な娯楽を通じて、住民との密接な関係を築くことが促された。とくに地方議会は地域住民の代表機関であったから、地域の利害が公正に代表されるように、細心の注意を払って議員が任命された。具体的には、県会では各郡が、郡会では各小郡が、人口比に応じた議員数を保持したことで、バランスよく代表されていた。

「住民の意向」を重視したナポレオンは、行政官と地域住民、とりわけ名望家との交流に着目し、行政官には彼らの要望に応《こた》えつつ、政策を実行するように命じた。ナポレオン時代には、大土地所有者である名望家の意見を聞きながら農業政策が押し進められたし、都市エリート層の求めに応じて都市環境が整備されていった。

体制が次第に独裁色を強めると、議会や地方議会があまり開かれなくなったことは確かだが、専門委員会という形で、行政官と名望家の意見交換の場は残されていた。行政当局はそれらの意見を政策に反映させることで、世論の期待に応えることができた。それゆえ、少なくとも帝政末期に景気が後退するまでは、地域住民から体制に対して不満の声はほとんどあがらなかったのである。

地域の利害に配慮することは、政治家ナポレオンにとって枢要な課題だった。ゆえに、国民に負担が重くのしかかる戦争の継続は、彼にとってのアキレス腱《けん》となる。その点でプロパガンダは、とくに継戦の正当化において効力を発揮した。

ナポレオンは視覚芸術をはじめ、モニュメント、国民祭典、演劇、ジャーナリズムなどを積極的に利用して、戦争の責任をイギリスに押し付け、大陸軍の勝利と栄光を広めることで、国民の抗戦意識を高めようとした。コンコルダの締結後には、祭典に宗教儀礼を組み込み、聖職者を動員して戦争を正当化させた。そのため、国民は帝政期を通じて、ナポレオンを「平和の使者」、あるいはヨーロッパ大陸の「守護者」として見続けたのである。

皇帝即位後のナポレオンは新王朝の正統性を確固たるものにすべく、歴代王朝の象徴を借用した。彼は「共和国の皇帝」として、フランス国民に身近な存在であり続けようとしたし、同時にまた国家・国民のために献身的に働く政治家であることを示そうとした。そのうえ、プロパガンダだけでなく、公的有用性を備えるインフラの整備により、フランス国民の生活が豊かで便利になるための政策を立て続けに実行したのである。

このように「政治家」としてのナポレオンの統治戦略を眺めてみると、ナポレオンとは「住民の意向」を尊重し、地域の利害に配慮する、献身的で親しみやすい模範的な政治家のように思えてくる。もっとも、本書には「政治家」としてのナポレオンを理想化する意図はない。本書で触れていない彼の暗部（たとえば、衛星＝従属国での収奪や、現代的な観点から言えば、奴隷制度の復活や女性の地位の低下など）も当然ながら存在している。

それでも、好戦的で領土拡大の野心に突き動かされ、その目的を果たすべくフランス国民の上に独裁者として君臨した「軍人＝独裁者」という捉え方があまりに一面的すぎたことは確かだ。彼は巧妙な統治戦略によって確かにフランス国民の支持を集めていた。そこには、これまでみえていなかった、「独裁」を支える仕組みが隠然として存在していたのであり、それを明るみに出すことが本書の目的であった。その結果、われわれの前に姿を現すナポレオンとは、まさに近代政治家の原型に他ならない。

革命後の近代社会において、「独裁」を可能ならしめたナポレオンの統治戦略を解明することは、現代の政治体制を理解するうえでも一助となるはずだ。その点で、ナポレオン時代史は今なお現代的意義を有している。

おわりに——ナポレオンは「ポピュリスト」か？

くしくも、「おわりに」を執筆している最中に、典型的なポピュリズム政治家と目されるアメリカのトランプ大統領が、SNS上でナポレオンのものとされる「国を救う者はいかなる法律にも違反しない」という言葉を引用し、自らをナポレオンになぞらえたことで、世界的な議論を巻き起こした（二〇二五年二月一五日付「X」投稿）。なお、この言葉はバルザックが選集した『ナポレオン格言集』に記載されているが、典拠不明のため、本人が発したかどうかは甚だ疑わしい。ともあれ、この出来事は、ナポレオンが単なる歴史上の人物ではなく、現代政治の文脈においてもなお参照される存在であることをよく示している。

KADOKAWAの編集者から一通の手紙を貰ったのは二〇二四年七月一日のことだ。同年三月末に前任校を退職し、四月から広島大学大学院人間社会科学研究科（文学部）に着任して、新しい環境にも慣れ始めた頃。四月末には拙著『ブリュメール18日　革命家たちの恐怖と欲望』（慶應義塾大学出版会、二〇二四年）が刊行され、研究も一区切りついたので、いよいよ本格的に新しい研究に手をつけようかと、史料をめくりはじめた矢先のことであった。

手紙は、簡単に言ってしまえば新書の執筆依頼で、これまで強権的な専制君主として通俗的に理解されてきたナポレオンの新たな人物像を描いてみないか、という内容だ。別の研究に取り組み始めたばかりだったため、最初は迷っていたのだが、このご時世にナポレオンの統治戦略に着目する新書を世に出す意義を強く訴える編集者の熱意に圧倒される形で、最終的に執筆を引き受けることになった。

本書のタイトル『ポピュリスト・ナポレオン』も、編集者が原稿を読んで付けてくれたものである。したがって、執筆当初からこのタイトルが決まっていたわけではなく、少なくともわたし自身は、ナポレオンの「ポピュリスト」としての側面を強調する意図を持ってはいなかった。むしろ、「軍人＝独裁者」として捉《とら》えられがちなナポレオンを「政治家」として捉え直し、その統治戦略を具体的に論じることこそが、本書の目的であった。しかし、本書の最初の「読者」である編集者の目には、ナポレオンが現代のポピュリズム政治家たちの原型として映ったようである。

こうした執筆の経緯から、本編に「ポピュリスト」や「ポピュリズム」といった言葉は登場しない。そのため、読者の中にはやや不思議に思われる方もおられるかもしれない。そこで最後に、本書で明らかになった点を踏まえて、ナポレオンのどの部分が現代のポピュリズム政治家に通じるのかについて、わたしなりの考えをごく簡単に述べることで、筆者の責任を果たしたいと思う。むろん、この作業は本来の歴史家の領分を超える試みだが、より広く一般の読者に向けた新書という媒体であることを踏まえて、ご理解いただきたい。

政治学者の水島治郎によれば、ポピュリズムとは、「政治変革を目指す勢力が、既成の権力構造やエリート層〔……〕を批判し、「人民」に訴えてその主張の実現を目指す運動」である（『ポピュリズムとは何か』中央公論新社、二〇一六年）。その特徴として、第一に、主張の中心に人民を置くこと、第二に、エリート批判、第三に、カリスマ的リーダーの存在、第四に、イデオロギーの「薄さ」が挙げられる。

では、これらの特徴はナポレオンの政治手法にもあてはまるだろうか。最も明白なのは、第三の「カリスマ的リーダーの存在」だ。ナポレオンのカリスマ性は誰しもが認めるところであり、総裁政府期からすでに、彼はフランスの「救世主」として国民の間で圧倒的な人気を誇っていた。

第一と第二の特徴は表裏一体の関係にあるが、これらもまたナポレオンの政治手法に見てとることができる。第二章で紹介したフランス革命末期の選挙の実態を思い出していただきたい。当時、党派間の熾烈《しれつ》な選挙戦が繰り広げられていたが、逆説的にも、投票率は一〇％程度まで低下していた。つまり、政治家たちの激しいイデオロギー対立は、「ふつうの人々」の利害や関心に応《こた》えるものではなく、逆に、彼らを政治から遠ざける結果を招いていたのである。

ブリュメール一八日のクーデタ後、ブリュメール派は投票率を高めるために選挙制度改革を行った。しかし、民衆層に対する警戒心が強く、新たに導入された名士リスト制度もまた、エリート偏重の制度であった。これに対し、ナポレオンは人民が選挙に参加し、自らを主権者として実感できる制度の創設を訴え、これを実現したのである。いわば、政治から疎外された人民を再び政治の場に引き戻したと言えるだろう。

さらに、ナポレオンは国家元首の信任投票として国民投票を利用した。これにより、政治から疎外されていた人民は、ナポレオンに直接票を投じることで彼と一体化し、改めて自らを政治の中心に位置付けることができた。そのうえ、ナポレオンは、国民投票によって選ばれた国家元首の自分こそが「人民の真の代表者」なのだと称した。国民の一部（エリート）に過ぎない選挙人団によって選ばれた議員たちを「地方の個別利益の代表者」と位置付けて、自らとは一線を画したのである。

ただし、第二の特徴である「エリート批判」に関しては、一定の留保が必要だ。現代のポピュリズム政治家とは異なり、ナポレオンはエリートを「特権層」として徹底的に糾弾し、人民とエリートの分断を図るようなことはしていない。むしろ、彼の諸制度は能力主義に基づくエリート中心のものであった。ナポレオンを権力の座に担ぎ上げたのが革命期の既得権益層であったことも忘れてはならない。

くわえて、当時の社会では名望家と呼ばれる支配階層が民衆層に対して強い影響力を持ち、民衆層は基本的に「親分」の言うことに従って生活していた。この状況を踏まえて、ナポレオンは民衆層の支持を集める名望家を制度の枠組みに組み込むことで、彼らの期待に応えようとしたのである。それゆえ、現代のポピュリズム政治家とは異なり、その時代特有の制約を伴っていたと言える。

最後に、四番目の特徴「イデオロギーの弱さ」について検討してみよう。前述の通り、ナポレオンはフランス革命末期に政治から疎外された「ふつうの人々」の意見を汲《く》み取り、彼らの利害や関心に応えることを重視した。首長や議員の任命に際しては、「住民の意向」にできるだけ配慮を示し、フランス全国に張り巡らされた情報ネットワークを駆使して、地方住民の要望を徹底的に把握しようとした。そのうえで、当時の「ふつうの人々」が何よりも望んでいたのは、豊かで便利な生活を安心して送ることだと見極めたのである。高尚な政治理念よりも実利を重視し、革命期に政治から疎外されてきた人々の本音に耳を澄ませながら、「現実的」な政治を行おうとする姿勢こそ、政治家ナポレオンの最たる特徴に他ならない。

なお、ポピュリストと聞くと、排外主義的な主張や、対立を煽《あお》ることで大衆の感情を掻《か》き立てる大衆扇動の手法を思い浮かべるかもしれない。しかし、意外にもナポレオンは、国内のマイノリティに対する敵意を煽り、スケープゴートに仕立てるような政治手法を用いてはいない。むしろ、後世から評価すれば、革命後の社会の分裂を修復し、「国民統合の象徴」としての役割を果たした側面が際立っているのである。その代表例が、強権を用いた宗教宗派の平和共存の実現だ。

ただし、当時のフランスは長らく戦争状態にあり、イギリスという明確な「敵」が存在していたことを考えれば、ナポレオンが敢《あ》えて国内に仮想敵を作り出す必要はなかったとも考えられる。あらゆるメディアを駆使して、対イギリス・プロパガンダを展開することで、多様な立場の人々を自らのもとに結集させることができた。

以上を踏まえれば、一定の留保は必要ながらも、ナポレオンを現代のポピュリストと呼ばれる政治家たちの原型として捉えることは十分に可能であろう。本書が現代の政治現象を理解するうえでも一助となれば幸いである。

本書の執筆にあたっては、ナポレオン帝国史がご専門の堺太智《さかいたいち》さんより、国務参事官の派遣業務に関するナポレオン書簡集の該当箇所について貴重な情報をご提供いただいた。この場を借りて、深く感謝申し上げる。また、本書を企画してくださった編集者の黒川知樹さんには、出版に向けて懇切丁寧なご配慮を賜った。改めて心より謝意を表したい。

二〇二五年二月二一日

藤原　翔太

主要参考文献一覧

●未刊行史料

Archives nationales de la France : F1bII Gard 2-3, Hautes-Pyrénées 2-5, F1cIII Gard 2, 4, Hautes-Pyrénées 1-3.

Archives départementales du Gard : 2M1, 46, 3M21, 1N1-14.

Archives départementales des Hautes-Pyrénées : 2M2-3, 3M1-3, 165-169, 1N2.

●刊行史料

Archives parlementaires, 2ème série, tome 1.

Correspondance de Napoléon 1er, Paris, 1858-1869.

●参考文献

（欧語文献）

Aulard, Alphonse, *Histoire politique de la Révolution française : origines et développement de la démocratie et de la République (1789-1804)*, Paris, Armand Colin, 1901（5ème édition, 1913）.

Bertaud, Jean-Paul, *Quand les enfants parlaient de gloire. L'armée au cœur de la France de*

Napoléon, Paris, Éditions Flammarion, 2006.

Boudon, Jacques-Olivier, « Les fondements religieux du pouvoir impérial », dans Petiteau, Natalie, dir., *Voies nouvelles pour l'histoire du Premier Empire : territoires, pouvoirs, identités*, Paris, La Boutique de l'Histoire, 2003.

Boudon, Jacques-Olivier, *Histoire du Consulat et de l'Empire*, Paris, Éditions Perrin, 2000.

Coppolani, Jean-Yves, *Les élections en France à l'époque napoléonienne*, Paris, Albatros, 1980.

Crook, Malcolm, *Elections in the French Revolution*, Cambridge, Cambridge University Press, 1996.

De Francesco, Antonino, *L'Italie de Bonaparte : politique, construction de l'État et nation dans la péninsule en révolution 1796-1821*, Ceyzérieu, Champ Vallon, 2022.

Godechot, Jacques, *Les institutions de la France sous la Révolution et l'Empire*, Paris, Presses Universitaires de France, 1968.

Gueniffey, Patrice, *Bonaparte 1769-1802*, Paris, Éditions Gallimard, 2013.

Gueniffey, Patrice, *Le Dix-huit Brumaire : l'épilogue de la Révolution française*, Paris, Gallimard, 2008.

Holtman, Robert B., *Napoleonic propaganda*, Evesham, Greenwood Press, 1969.

Jourdan, Annie, *Napoléon : héros, imperator, mécène*, Paris, Éditions Flammarion, 2021（Aubier, 1998）.

Karila-Cohen, Pierre, *Monsieur le Préfet : Incarner l'État dans la France du XIXe siècle*,

Ceyzérieu, Champ Vallon, 2021.
Lefebvre, Georges, *Napoléon*, Paris, Félix Alcan, 1935 (6ème édition, 1969).
Petit, Vincent, « Religion du souverain, souverain de la religion : l'invention de saint Napoléon », *Revue historique*, n°663, 2012, pp. 643-658.
Lignereux, Aurélien, *L'Empire des Français 1799-1815*, Paris, Éditions du Seuil, 2012.
Petiteau, Natalie, *Napoléon Bonaparte : la nation incarnée*, Paris, Armand Colin, 2015.
Petiteau, Natalie, *Les Français et l'Empire (1799-1815)*, Sèvres/Avignon, La Boutique de l' Histoire/Éditions Universitaires d'Avignon, 2008.
Petiteau, Natalie, *Napoléon, de la mythologie à l'histoire*, Paris, Éditions du Seuil, 1999.
Thoral, Marie-Cécile, *L'émergence du pouvoir local : le département de l'Isère face à la centralisation (1800-1837)*, Rennes, Presses Universitaires de Rennes, 2010.
Triolaire, Cyril, *Le théâtre en Province pendant le Consulat et l'Empire*, Clermont-Ferrand, Presses Universitaires Blaise-Pascal, 2012.
Triolaire, Cyril, « Fêtes officielles, théâtres et spectacles de curiosités pendant le consulat et l'Empire dans le 11ème arrondissement théâtral impérial – pouvoir, artistes et mise en scène », *Annales historiques de la Révolution française*, n°362, 2010, pp. 131-142.
Triolaire, Cyril, « Célébrer Napoléon après la République : les héritages commémoratifs révolutionnaires au crible de la fête napoléonienne », *Annales historiques de la Révolution française*, n°346, 2006, pp. 75-96.

Tulard, Jean, *Napoléon ou le mythe du sauveur*, Paris, Fayard, 1987.

（日本語文献）


安藤隆穂『フランス自由主義の成立　公共圏の思想史』名古屋大学出版会、二〇〇七年。

上垣豊『反革命のフランス近代　王党派・教会・貴族からみた新たな歴史像』昭和堂、二〇二四年。

岡本明『ナポレオン体制への道』ミネルヴァ書房、一九九二年。

杉本淑彦『ナポレオン　最後の専制君主、最初の近代政治家』岩波書店、二〇一八年。

杉本淑彦『ナポレオン伝説とパリ　記憶史への挑戦』山川出版社、二〇〇二年。

ジェフリー・エリス著／杉本淑彦・中山俊訳『ナポレオン帝国』岩波書店、二〇〇八年。

竹中幸史「空間の革命―共和暦2年のルアンにおける街路、祭典、自由の木―」松浦義弘・山﨑耕一編『東アジアから見たフランス革命』風間書房、二〇二一年、一四七～一七一頁。

服部春彦『文化財の併合　フランス革命とナポレオン』知泉書館、二〇一五年。

松嶌明男『図説ナポレオン　政治と戦争』河出書房新社、二〇一六年。

松嶌明男『礼拝の自由とナポレオン　公認宗教体制の成立』山川出版社、二〇一〇年。

水島治郎『ポピュリズムとは何か　民主主義の敵か、改革の希望か』中央公論新社、二〇一六年。

藤原翔太『ブリュメール18日　革命家たちの恐怖と欲望』慶應義塾大学出版会、二〇二四年。

藤原翔太『ナポレオン時代の国家と社会　辺境からのまなざし』刀水書房、二〇二一年。

山﨑耕一『シィエスのフランス革命「過激中道派」の誕生』ＮＨＫブックス、二〇二三年。

山﨑耕一『フランス革命「共和国」の誕生』刀水書房、二〇一八年。

ナポレオン関連年表

年	月　日	出　　　来　　　事
1769	8月15日	ナポレオン・ボナパルト、コルシカ島で誕生
1779	5月	ナポレオン、フランス本土のブリエンヌ王立幼年兵学校に入学
1784	10月	ナポレオン、パリの士官学校に進学
1785	11月	ナポレオン、ヴァランス砲兵連隊の少尉に任官
1787	2月22日	名士会召集
1789	5月　5日	全国三部会開会
	6月17日	第三身分代表、国民議会設立を宣言
	7月　9日	憲法制定国民議会成立
	7月14日	バスティーユ襲撃事件
	8月　4日	封建的諸特権の廃止宣言
	8月26日	人権宣言採択
	10月	ナポレオン、コルシカ島に帰郷し革命派に合流
1790	7月12日	聖職者民事基本法成立
1791	6月20日	ヴァレンヌ逃亡事件
	9月　3日	1791年憲法成立
	9月30日	憲法制定国民議会解散
	10月　1日	立法議会開会
1792	8月10日	テュイルリー宮殿襲撃、王権停止
	9月21日	国民公会開会、王政廃止の宣言
	9月22日	第一共和政成立
1793	9月21日	ルイ16世処刑
	2月13日	第一次対仏大同盟成立
	3月10日	ヴァンデの反乱開始
	5月31日	パリ民衆、国民公会を包囲

年	月　日	出　　　来　　　事
1793	6月　2日	パリ民衆、国民公会再度包囲、ジロンド派議員の逮捕
	6月13日	ボナパルト家、コルシカ島を脱出しトゥーロンに到着
	6月24日	1793年憲法成立
	8月23日	国民総動員令の決定
	9月29日	一般最高価格令制定
	10月　5日	革命暦採用
	12月　4日	フリメール14日の法令可決(革命独裁の制度化)
1794	7月27日	テルミドール９日のクーデタ
	7月28日	ロベスピエール派処刑
	11月12日	パリのジャコバン・クラブ閉鎖
	12月24日	一般最高価格令の廃止
1795	4月　1日	ジェルミナルの蜂起
	5月20日	プレリアルの蜂起
	8月22日	1795年憲法(共和暦３年憲法)成立
	10月　5日	ヴァンデミエール13日の蜂起
	10月26日	国民公会解散、総裁政府成立
1796	3月　9日	ナポレオン、ジョゼフィーヌと結婚
	3月11日	ナポレオン、イタリア方面軍総司令官として出立
	5月10日	バブーフの陰謀発覚
1797	2月19日	ローマ教皇庁とトレンチノ条約締結
	9月　4日	フリュクティドール18日のクーデタ
	10月17日	カンポ＝フォルミオの和約締結
1798	5月11日	フロレアル22日のクーデタ

年	月日	出来事
1798	5月19日	エジプト遠征に向けナポレオン率いるフランス艦隊がトゥーロン出港
	12月29日	第二次対仏大同盟成立
1799	6月18日	プレリアル30日のクーデタ
	7月	アブキールの戦い
	10月 9日	ナポレオンのフレジュス上陸
	11月 9日	ブリュメール18日のクーデタ
	12月13日	1799年憲法(共和暦8年憲法)成立
	12月25日	統領政府成立
1800	6月14日	マレンゴの戦い(第二次イタリア遠征)でフランス軍勝利
1801	7月15日	コンコルダの締結
1802	3月25日	アミアンの和約締結
	8月 4日	終身統領政成立
1804	3月21日	アンギャン公の処刑、フランス民法典(ナポレオン法典)公布
	5月18日	第一帝政(世襲帝政)成立
1805	12月 2日	アウステルリッツの戦い(三帝会戦)
	12月31日	革命暦廃止
1806	11月21日	ベルリン勅令(大陸封鎖令)布告
1807	8月19日	護民院廃止決定
	11月	スペイン戦役開始
1808	3月 1日	帝政貴族創設
1810	4月 2日	ナポレオン、マリー・ルイーズと結婚
1812	6月	ロシア戦役開始

年	月　日	出　　来　　事
1813	10月18日	ライプツィヒの戦いでフランス軍敗北
1814	4月 4日	ナポレオン、皇帝退位
	5月 3日	第一次復古王政成立
1815	3月20日	ナポレオンのパリ帰還（百日天下）
	6月18日	ワーテルローの戦い
	6月22日	ナポレオン、二度目の皇帝退位
	7月 7日	第二次復古王政成立
	10月16日	ナポレオンのセント＝ヘレナ上陸
1821	5月 5日	ナポレオン、死去

図表作成　本島一宏
本書は書き下ろしです。

藤原翔太（ふじはら・しょうた）
1986年生まれ、島根県出身。トゥールーズ・ジャン・ジョレス大学博士課程修了（フランス政府給費留学）。博士（歴史学）。福岡女子大学国際文理学部准教授などを経て、現在は広島大学大学院人間社会科学研究科准教授。専門はフランス革命・ナポレオン時代の地方統治構造。2024年、『ブリュメール18日　革命家たちの恐怖と欲望』（慶應義塾大学出版会）で、第24回大佛次郎論壇賞を受賞。他の著書に、『ナポレオン時代の国家と社会　辺境からのまなざし』（刀水書房）、『東アジアから見たフランス革命』（共著、風間書房）、訳書にクリスティーヌ・ル・ボゼック『女性たちのフランス革命』（慶應義塾大学出版会）などがある。

ポピュリスト・ナポレオン

「見《み》えざる独裁者《どくさいしゃ》」の統治《とうち》戦略《せんりゃく》

藤原《ふじはら》翔《しょう》太《た》

2025年 5月 10日　初版発行

発行者　山下直久
発　行　株式会社KADOKAWA
〒102-8177　東京都千代田区富士見 2-13-3
電話　0570-002-301（ナビダイヤル）
装丁者　緒方修一（ラーフイン・ワークショップ）
ロゴデザイン　good design company
オビデザイン　Zapp!　白金正之
印刷所　株式会社暁印刷
製本所　本間製本株式会社

角川新書

ISBN978-4-04-082528-1 C0222

KADOKAWAの新書 好評既刊

軍拡国家

望月衣塑子

武器輸出の原則禁止が２０１４年に解禁され、10年が過ぎた。歯止めは少しずつ緩和され、ついに殺傷能力を持つ武器まで輸出可能に。防衛予算も激増した。政治家の思惑、空虚な日米同盟、製造現場の人々の思いなどを多角的に伝える。

財閥と学閥

三菱・三井・住友・安田、エリートの系図

菊地浩之

「三井物産は高商（現・一橋大）閥だった」「戦後の三菱グループは慶応閥が拡大」――その真偽の程は？　「財閥作家」として定評のある著者が膨大な史資料を通して、四大財閥の三菱・三井・住友・安田に形成された学閥の起源をひもとく。

終末格差

健康寿命と資産運用の残酷な事実

野口悠紀雄

近年の物価高騰に加え、医療保険や介護保険は高齢者の負担が増加し続け、年金だけで老後生活を送ることは到底できない。経済的にも精神的にも幸せな終末を迎えるためのヒントを、経済学者の野口悠紀雄が指南する。

日本神話の考古学

森　浩一

神話はその舞台となった土地と驚くほど一致していた。イザナキとイザナミ、三種の神器、古代出雲、神武東征……「物語」を考古学の成果に照らし合わせ、ヤマト朝廷誕生以前の日本古代史を見通す、「古代学」の第一人者による名著！

宮内官僚　森鷗外

「昭和」改元　影の立役者

野口武則

先例に基づく完璧な元号「昭和」は、如何にして生まれたのか？　軍医・文豪など無数の顔を持つ鷗外が死の間際に従事したのは、宮内官僚として近代元号制度を整備することだった。晩年の「最大著述」『元号考』に込められた真意に迫る。

KADOKAWAの新書 好評既刊

ブラック企業戦記
トンデモ経営者・上司との争い方と解決法

ブラック企業被害対策弁護団

コンプライアンスの概念が浸透した現代社会にあってなお、ブラック企業はその間隙をぬって現れる！　労働被害の撲滅に取り組む弁護士たちが出合ってきた想像の上をゆく驚きの事例を紹介し、解説も添付。自分の身を守るための必読の書。

小牧・長久手合戦
秀吉と家康、天下分け目の真相

平山　優

信長亡き後も続いた織田政権。しかし内部分裂によって、織田家筆頭の信雄と同盟者の家康、織田家臣ながら有力者の秀吉による合戦が勃発した。秀吉の政権を成立させ、家康の天下取りの起点にもなった、真の「天下分け目の戦い」の全貌が明らかに。

象徴のうた

永田和宏

日本史上初めて、即位のときから「象徴」であった平成の天皇。激戦地への慰霊の旅、被災地訪問などを通して、象徴のあり方を模索してきた。当代随一の歌人であり、両陛下ともゆかりの深い著者が、御製御歌にあふれる思いと背景を読み解く。

AIにはできない
人工知能研究者が正しく伝える限界と可能性

栗原　聡

ChatGPTを始めとする生成AIの万能性が人類への脅威としても論じられているが、現在のAIは決して万能ではない。人工知能研究の専門家が、AIの「現在の限界」をわかりやすく解説し、その先にある「次世代AIの可能性」を探る。

駿甲相三国同盟
今川、武田、北条、覇権の攻防

黒田基樹

東国戦国史上、最大の分岐点となった、駿河今川・甲斐武田・相模北条の三大名による攻守軍事同盟。世界でも稀有な同盟の成立から崩壊までの全軌跡を、日本中世史研究の第一人者で大河ドラマの時代考証者が、研究成果を基に徹底検証。

接線の傾き 194
絶対値 33
ゼロ 19
ゼロの発見 19
ゼロの発見者 20
線 84
線グラフ 84
線形軸 112
相関 80
双曲線 99
総消費電力量 231
速度 52
素数 26, 30
素数ゼミ 27

〈た・な行〉

帯小数 33
対数 47, 111
代数学 70
対数軸 112
対数表 51
対数法則 48
体積 216
楕円 73
互いに素 30
多項式 143
谷型分布 171
単位 51
単位格子 30
単位面積 217
単項式 143
単振動 147
力 134, 136
知的好奇心 119
抽象化 75
超越関数 92
超絶的曲線 92
頂点 102
直線 196, 198, 205
直線の方程式 97
直交座標 58
底 44, 47, 111
定数関数 191, 224
定積分 228
デカルト座標 58, 59
デジタル 13
データ 13
テトラパック 174
点 84, 198
展開 145
電子式コンピュータ 60
点の集合 84
天秤 149
導関数 207, 227
等号 163
等式 137, 152, 163
等式の原理 151
同類項 144
特殊相対性理論 136
独立変数 91
取りつくし法 218
ドレスデン・コデックス 24
虹 82
二刀流 152
年代測定 109

〈は行〉

倍数 30
パイ・チャート 84
パピルス 14
バビロニア 13
速さ 52
パラシュート 131
パラドックス 166
パリ・コデックス 24
範囲 178
半減期 109
万有引力 132
万有引力定数 133
万有引力の法則 122, 133
ヒストグラム 77
ピタゴラス学派 15
ピタゴラスの定理 15, 70
微分 187, 204, 205
微分係数 206
微分と積分の関係 245
微分法 198
標準偏差 179, 180

“表裏一体”の関係 111, 245
ピラミッド 174
比例関係 96
比例定数 96
複号同順 145
物体の落下 123
物理量 51
不定積分 228
不等号 163
不等式 163
不等式の原理 163
負の数字 28
負の整数 28
負の相関 81
プラスの整数 28
ブラーフミー数字 17
振り子 147
振り子の等時性 148
プリズム 82
分割の思想 198, 200
分割要素 196
分散 179, 180
分子 31, 32
分数 31, 32
分数関数 98
『分析者』 128
分配法則 140, 145
分布 176
分母 31, 32
平均値 170
平均年収 176
平方根 44
平面座標 61
ベクトル 52
偏差値 182
ボイルの法則 101
棒グラフ 77
方向 52
放射性元素 108
放射線 108
法則 118
方程 149
方程師 149
方程式 73, 75, 149, 168
方程式の原理 151
方程式を解く 153
放物線 128
ホモ・サピエンス 13
本末転倒 76

〈ま・や行〉

マイナスの数字 28
マイナスの整数 28
マドリー・コデックス 24
マルチストロボ 123
満腹度 88
水のイオン積 48
未知数 149, 152
未来予測 86
無限小数 35
無相関 81
無理数 39
面積 216
文字 13, 142
文字式 143
ものさし 64
約数 26, 29
山型分布 170
優先順位 66
有理数 39, 140
『ユークリッド原論』 147
『洋算用法』 18
陽電子放射断層撮影法 138

〈ら・わ行〉

落下 121, 230
落下の法則 124
量 13, 136
両対数グラフ 115
リンド・パピルス 14, 39
レンジ 178
連立不等式 165
連立方程式 158
和 139
割合 84